Ganjue Shijie
Guangbo Dianshi Yu Renlei Ganzhi

感觉世界

广播电视与人类感知

洪兵◎著

感觉世界，找到世界感觉，让世界感觉你

中国社会科学出版社

图书在版编目(CIP)数据

感觉世界 / 洪兵著 . —北京：中国社会科学出版社，
2014.6

ISBN 978 – 7 – 5161 – 4109 – 0

Ⅰ.①感…　Ⅱ.①洪…　Ⅲ.①商业经营—研究—世界
Ⅳ.①F715

中国版本图书馆 CIP 数据核字(2014)第 068842 号

出 版 人	赵剑英
责任编辑	路卫军
责任校对	王雪梅
责任印制	王 超

出　　　版	中国社会科学出版社
社　　　址	北京鼓楼西大街甲 158 号 （邮编 100720）
网　　　址	http://www.csspw.cn
	中文域名：中国社科网　　010 – 64070619
发 行 部	010 – 84083685
门 市 部	010 – 84029450
经　　　销	新华书店及其他书店

印刷装订	三河市君旺印装厂
版　　　次	2014 年 6 月第 1 版
印　　　次	2014 年 6 月第 1 次印刷

开　　　本	710 × 1000　1/16
印　　　张	10.75
字　　　数	136 千字
定　　　价	48.00 元

经历是人生中最大的财富。我有幸在广播电视领域工作了七年，有了一段平常但又不平常的经历。这七年中，我参与了北京广播电视的改革，见证了北京广播电视的发展，结识了许多广播电视领域的新朋友，也有着自身在新领域的难忘体验和体会。我将自己这几年对广播电视的研究心得记录下来，编成此本，献给我这七年中认识的广播电视的领导、朋友和战友们，感谢你们对我的关心、照顾和支持。

C目录
ONTENTS

第三篇 让世界感觉你

前　言

感觉世界，找到世界感觉，让世界感觉你

人来到这个世界，睁开双眼，要做的第一件事情并且是永远不断要做的事情，就是认识这个世界，感觉这个世界。

世界究竟是什么样子？这是一个人们普遍关心的问题，也是一个有着深刻内涵的哲学命题。在科技不发达的人类历史的早期，人们只能通过自己的感官去感觉世界，这种感觉是原始的，直接的，但或许是最真实的。

有了出版物之后，人们开始通过文字去感觉世界，这种感觉是间接的，联想的，但在某些方面是深邃的。

现在，有了广播电视，人们通过由电波传递的声音和图像去感觉世界，这种感觉是即时的，跨越时空的，快节奏的，但它还是真实的吗？还是深邃的吗？在广播电视前面，我们感觉到的世界究竟是什么样子？

顺着这个思路走下去，我们不仅能够发现广播电视展现给我们的世界是什么，还能够从"人与广播电视"这个最深层的关系入手，探讨广播电视的本质属性，探讨广播电视对人类社会产生的深刻影响，从而在对广播电视的依赖中找到人类对周围世界的真实的感觉。

在这方面，有许多著名的传媒研究专家（如麦克卢汉）做过深入的研究，但是，他们在对人与广播电视的关系方面，还没有紧紧把握住"感觉"，因为"感觉"是人与广播电视本质关系的体现，是将这种关系放在"世界"这个更高层面上的一种体现。

"感觉"，能够使我们从历史的纵向上深化对广播电视的认识，能够使我们进入到一个更高的哲学层次的讨论。这种讨论将围绕"人与广播电视关系"从三个方面展开：第一个是"感觉世界"，第二个是"找到世界感觉"，第三个是"让世界感觉你"。

感觉世界，就是人们怎样通过广播电视感觉世界，或者说广播电视向人们展现了一个什么的世界。这个世界是真实的，还是虚假的？是感性的，还是理性的？是肤浅的，还是深邃的？是完整的，还是扭曲的？

找到世界感觉，就是人们通过广播电视找到"世界感觉"，而这种"世界感觉"是你成功走进和融入当今世界最基本的感知，能够使你的能量与世界频率形成共振，能够使你的生活方式与世界节奏合拍，能够使你的思维方式与世界时尚融为一体。这种"世界感觉"与广播电视有着非常密切的联系，或者说只有通过广播电视才能找到这种感觉，如"虚拟"、"形象"、"节奏"、"体验"、"快感"、"娱乐"、"后现代"等。

让世界感觉你，就是人们依据这种世界感觉反过来利用广播电视发挥自身的能动性，获得更多的注意力资源，从而增大自身的能量，增大自身在这个世界上的分量。在这方面，我们需要关注以下几个关键词："符号"、"触电"、"议程设置"、"视觉形象"、"注意力"、"影响力"、"传播力"、"信息增值"、"造势"、"产业化"、"信号放大"、"炒作"等。

概括起来说，"感觉世界"反映了人们怎样通过广播电视了解世界；"找到世界感觉"反映了现实世界通过广播电视带给人们什么样的感觉；"让世界感觉你"反映了人们如何掌握和控制广播电视去主动实现一种目标。

寻找立体的感觉

我们感觉世界，应当寻找一种立体的感觉，这是一种从多维角度对世界的真实形象的感觉，而这种感觉又有可能反过来对广播电视有一种立体的认识，能够更为准确地从更高的层面上观察广播电视的本质。

这种立体感觉首先要有一种纵深感。我们要从人类感觉世界尤其是通过广播电视感觉世界的历史进程中，去探索人与广播电视的关系，去探索人与世界的认知关系，去思考人类现有各种文化特征。

这种立体感觉还应是多维的。我们要从"政治"、"科技"、"文化"和"经济"四个角度去观察世界，去观察广播电视在这四个角度上展示给人们的世界，最终使我们形成一种完整的立体的感觉。

而这种立体的感觉，也是我们对广播电视本质的立体认识，我们会从这四个角度上，全面完整地认识广播电视的"政治形态"、"科技形态"、"文化形态"和"经济形态"。

从政治角度上看，广播电视为我们展示了一个政治世界。广播电视首先是政治的工具，它服从、服务于"权力"，甚至可以说它本身也是一种形式的"权力"。广播电视是由政治控制的，这种控制实质上是对信息流量、质量和类型的控制，从而保持着对社会的有效控制。在这方面需要关注的是：政治制度对传媒的政治要求、政治底线的设定、对广播电视政治控制的方式和程度，等等。我们由此可以观察到广播电视的"政治形态"和它的政治属性。

从科技角度看，广播电视为我们展示了一个科技世界，同时也向我们展示了广播电视自身的"科技形态"。广播电视的"科技形态"强调了广播电视的科技属性，它是一个具有极高科技含量的传播载体和渠道，它不仅要依赖先进的科学技术，同时还在一定程度上引领着现代科学技术，其表现形式是"信息能量"。在这方面需要关注的是：数字化、虚拟化、仿真技术、网络技术等。

从文化角度看，广播电视为我们展示了一个文化世界，也同时向我们展示了广播电视自身的"文化形态"。广播电视的"文化形态"强调了广播电视的文化属性，它是一个创造文化和传播文化的文化实体，它形成了对人类社会生活方式产生巨大影响的听觉文化和视觉文化。这种形态主要反映在广播电视的内容制作和受众需求方面。在这方面需要关注的是：娱乐化、大众化、"后现代化"的文化现象及其形成的特殊的文化消费方式。

从经济角度看，广播电视为我们展示了一个经济世界，同时也向我们展示了广播电视自身的"经济形态"。广播电视的"经济形态"强调了广播电视的经济属性，它是一个能够创造巨大利润的行业领域，它有着一整套自身市场运作的规律和模式。我们需要把它作为一个特殊的产业主体来看待，在这方面需要特别关注的是：知识经济、文化创意经济、注意力经济、体验经济对广播电视产业运营的影响，要从中解读知识经营、信息增值、符号消费的规律和特点，发现和设计广播电视特殊的市场业态，以及它与众不同的赢利手段和方式。

我们通过广播电视立体感觉世界的同时，也能够从多维的角度比较清晰地认识广播电视的本质，回答"广播电视究竟是什么"这个带有本质性的问题。

广播电视是什么？通过上面的分析，我们可以概括地说：广播电视是一种政治工具（从政治属性上讲），广播电视是一种文化（从文化属性上讲），广播电视是一种信息介质（从科技属性上讲），广播电视是一种产业（从经济属性上讲）。

在广播电视的改革实践中，我们有的领军者已经关注到广播电视的这四种形态，并据此提出深化广播电视改革的标准和要求，这就是：领导满意（主要依据广播电视"政治形态"）；传媒规律（主要依据广播电视"科技形态"）；群众欢迎（主要依据广播电视"文化形态"）；市场回报（主要依据广播电视"经济形态"）。

广播电视的几大功能也分别在这四种形态中反映出来。广播电视的政治形态反映了广播电视的新闻和舆论引导监督的功能；广播电视的科技形态反映了广播电视的渠道服务功能；广播电视的文化形态反映了广播电视的教育和娱乐功能；广播电视的经济形态反映了广播电视的消费服务功能。

在广播电视的四种不同形态中，都贯穿着相同的运转链条，这就是人们常说的"5W模式"：谁、说什么、通过什么渠道、对谁说、产生什么效果。用广播电视的学术语言说，就是：传播者、传播内容、传播媒介、传播对象、传播效果。

要想将广播电视这四种形态（形象地说是"四个剖面"）整合为一体并形成一种立体化的图像，需要做立体化的透视处理，需要把握住一些立体化地观察广播电视的透视元素。这些透视元素同时反映在广播广播电视的四个剖面里面，是广播电视四个属性的共性所在，它们能够将广播电视四个不同方面的内容有机地融合统一起来，并将广播电视的本质内容抽象提炼出来。这些透视元素也就是我们认识广播电视的一些战略关键词："信息"、"符号"、"注意力"、"虚拟"、"体验"等。请注意，这些关键词所反映的内容，实际上就是我们所要寻找的"世界感觉"。

感觉世界

——通过广播电视感觉世界

听觉传媒的演变／视觉传媒的演变／广播影视与纸质媒体／数字化／三网融合／新媒体／读屏时代／广播电视改变了人们感觉世界的时空观念／通过广播电视所感觉到的"政治"／通过广播电视所感觉到的"经济"／人们对广播电视的依赖

广播电视是人类历史发展过程中的一个必然的产物，它与人们的社会生活有着千丝万缕的联系。我们要回答广播电视是什么，回答广播电视的本质属性是什么，就需要回过头来在人类社会发展的大背景下考察广播电视的变革过程。

这种历史的考察，其关注的核心点就是"人与广播电视的关系"。加拿大传播学家马歇尔·麦克卢汉正是从这个关系上提出了"传播媒体是人体的延长"的说法。我们要从这种关系中深刻认识广播电视，从广播电视改变和影响人们生活这一本质的联系中去认识广播电视的本质属性和它的文化特征。

这种"人与广播电视"关系的历史开展，我们可以通过"感觉"一词贯通起来。"感觉"，能够使我们从历史的纵向上深化对广播电视的认识，能够使我们进入到一个更高的哲学层次的讨论。

当一个人来到这个世界，睁开双眼，就开始感觉这个世界。

开始，人们是用自己身体的各种器官去直接感觉这个世界。后来，出现了文字，人们通过阅读书报（通过纸媒体）去感觉这个世界，也可以说，人们除了自身的直接感觉之外，还可以通过思想家和作家的笔去间接地感觉这个世界。

当人们通过某种物体间接地感觉世界时，这个物体就是我们常说的"媒体"或者"传媒"。

现在，人们似乎又回到了过去，更多地用自己的耳朵和眼睛去"听"和去"看"这个世界。与过去不同的是，人们不是直接地去"听"去"看"，而是通过包括广播电视在内的电子媒体去观察这个世界，通过电子屏幕去感觉这个世界。

与以往传统的媒体相比，与简单的语言文字交流相比，广播电视在传播速度、传播范围和传播的影响力上，有着巨大的优势。广播电视缩短了人类感知的距离，沟通了人类文化交流的渠道，改变了人类生活方式，促进了人类经济的发展。广播电视的出现，对人类社会产生了巨大的影响。

○ 听觉传媒的演变

1906 年圣诞节前夜，几位英国的无线电报务员收到了来自美国马萨诸塞州的无线电信号，这些信号是通过无线电传输的圣经故事和圣诞祝福。英国人通过无线电第一次感觉到了世界另一端的音讯。

1907 年，美国人李·德·福斯特发明了三极管，并将其用于广播。他惊喜地向世界宣告："我发现了一个看不见的空中帝国。"

这些事件，标志着无线电广播作为媒体进入到人类社会。人们通过无线电波，延伸了自己的听觉器官，拓展了自己的听觉空间。人们对世界感觉超越了生理的极限，随着科学技术的发展，延伸到了更加遥远的地方。

广播有着自己独特的优势。无论现代传媒如何发展，听觉传媒都有着不可替代的位置。声音，是人们接受信息、感觉世界的一种特有的方式，它对一些神奇的领域和虚幻的世界有一种独特的描述力，它能够解读一些画面和文字所无法解读的深层内容，它能够使人们得到一种其他媒体所无法给予的深度体验。因此，广播在世界范围特别是一些文化发达的地区，有着非常强劲的复苏势头。

> 声音，是人们接受信息、感觉世界的一种特有的方式，它对一些神奇的领域和虚幻的世界有一种独特的描述力，它能够解读一些画面和文字所无法解读的深层内容，它能够使人们得到一种其他媒体所无法给予的深度体验。

有的心理学家得出这样一个结论：人们对听到的信息，要比看到的、触摸到的事物记得更牢。有人说，在播报速度上，如果说电视是"直快"，报纸是"普快"，那么广播就是"特快"。

人们在听广播的时候，往往更多关注声音而忽略其他的细节。因此，在制作广播节目时，创作者会将一些不必要和不方便展示的视觉内容隐藏在幕后，从而大大节约了制作的成本。另外，广播的这种特点，还为一些避免暴露视觉效果的内容提供了展示的机会，从而使广播成为这些内容的特定的展示领域。

广播的这种"听"的特点在一些视觉受限的场合（如何驾驶汽车时，如人们在厨房做饭时）体现出明显的传播优势，因而也就拥有一大批因视觉受限的特定的忠诚群体。用专业的术语说，广播的这种优势表现为一种"伴随性"。人们在条件允许的情况下，在"做"某一件事的时候，同时可以伴随着"听"，可以同步实现多元化的文化享受。这种"伴随性"，适合于现代社会"一心多用"的文化消费方式。

> 广播的这种优势表现为一种"伴随性"。人们在条件允许的情况下，在"做"某一件事的时候，同时可以伴随着"听"，可以同步实现多元化的文化享受。这种"伴随性"，适合于现代社会"一心多用"的文化消费方式。

这种"伴随性"还表现在广播终端的便携性、安全性等许多方面。广播是一种收听方便、成本低的听觉媒体，它的覆盖面广，传递迅速，能够有针对性地选择适当的地区和对象，最利于移动接收。因此，广播在一些特殊的条件下（如自然灾害、战争）有着特殊的作用。

电视问世之后，曾经一度使广播陷入低迷。有人预言，电视将把广播"送上绞刑架"。这种预言没有应验，广播不仅没有消失，反而在一些特定的场合和特定的领域里获得了更大的生机，并且，有调查数据表明，广播的受众要比电视更为高端一些。

今后，广播的生存和发展主要取决于五个方面：适应市场的节目模式；科技的发展；汽车工业的繁荣；人类户外活动的普及；专业化办台的理念。

○ 视觉传媒的演变

电视于 1936 年正式问世。根据《牛津英语辞典》，"电视"的英文一词"television"，最早出现于 1909 年，是一个技术用词，它后来引申出新的意思是"看不见身边的东西"。

电视的出现，延伸了人们的视觉器官，扩展了人们的视觉空间，使人们能够更加立体化和形象化地感觉世界。在对世界感觉方面，电影与电视有着同样的作用，电影同样给予人们强烈的视觉效果，但这种效果更为艺术化，更富有想象力，但不如电视更为直接，更为即时。

电视与电影有着自身独特的叙事风格，专业叫做"影视叙事"，就是用摄影机讲故事。摄影机拍下来的东西必须是一种影像构成，这里面有独特的影视艺术手段，有造型、场面调度、蒙太奇等许多方面的专业要求。电视和电影通过画面能够让人们感觉到"真人"和"真实"。电视的"真人秀"节目非常受欢迎。

早期的电视通过很高的电视发射塔来接收电视信号。用现代的眼光来看，发射塔的信号覆盖范围有限，收视的质量也不高。后来有了卫星，这是一种在地球上看高得不能再高的发射塔，它的覆盖范围很大，收视效果也比发射塔好。利用卫星接收信号的电视，我们称之为"卫星电视"。这种电视需要专门的卫星接收设备，能够在偏远的地方得到与大城市同样的电视收看效果，但它还是属于无线传输，信号容易受到干扰，传播的频道资源也有限。

随着光缆技术的出现，产生了"有线电视"，这是一种通过有线光缆接收信号的电视。1980年6月1日，特纳创立了CNN，即有线电视新闻广播网。起初，专家们对这种新生事物并不认可，批评家们将它称之为"鸡肉面条电视网"。一段时间，CNN成为从曼哈顿峡谷到洛杉矶演播室里所有的权威媒体评论员的笑柄。华尔街也对CNN的垮台确信无疑，他们认为CNN还会毁掉特纳的其他生意。在这些人看来，建立一个24小时播音的电视新闻广播网，是一种无法想象的盲目举动。可是到了今天，CNN的巨大成功让批评它的那些人无法想象，它成为对美国影响最大的广播电视的新闻来源，成为白宫、五角大楼、外国使馆以及全美国千百万个家庭经常收看的电视节目。CNN的影响已经远远超出了美国，覆盖到世界上80多个国家，成为最具全球化特点的电视网。

在现代科技的推动下，电视已经走出了家庭，出现在地铁、公共汽车和出租汽车上，我们称之为"移动电视"。电视还出现在写字楼和饭店的一些明显的公共地方，我们称之为"楼宇电视"。

未来电视科技的发展方向是：数字化，高清晰，立体化。说到高清电视，人们已经开始享受到它与众不同的视觉效果。按照技术专家的技术语言来说，高清电视的画面是"1280×720"，而传统的标清电视则是"760×625"。在家里观看高清电视，需要一种身临其境的感觉，这要求观看者距离电视最好在2.5米左右，水平画角处于30度以上，电视的大小以40至60寸最为合适。未来立体化的电视，使人们得到的身临其境的视觉效果更为明显，加上精致的多维动画制作技术，这种立体画面会产生一种前所未有的视觉震撼力。

这种视觉震撼力，在电影《阿凡达》中已经得到体现。现代的 3D 技术，不仅能够展示更加逼真的多维效果，还能够让人改变视角，从一种原本不可能的俯视的角度去看世界，能够让人们的幻想世界变为"真实"。

> 现代的 3D 技术，不仅能够展示更加逼真的多维效果，还能够让人改变视角，从一种原本不可能的俯视的角度去看世界，能够让人们的幻想世界变为"真实"。

随着广播电视技术的发展，许多视觉文化产品凭借着一些高新电子制造技术、美术制造技术、摄像录音技术生产出来，并且使这些文化产品具有"可复制性"，能够成规模成批量生产，这就使广播电视具备了"文化工业"的特性。

电视已经改变了原有的政治形态，具有了更多的经济形态。电视节目越来越被视为一种商品，并且越来越多地用市场的标准来运营。收视者将会以价格比较电视节目，就好像我们比较其他消费品一样。电视节目制作者将会按照市场运营的模式，大力推出市场需求的节目。为此，电子收视指南或搜寻装置应运而生，提供有关节目的完整介绍，消费者可以根据感兴趣的节目类型、表演者、题材等选项。市场化拓展了广播电视的赢利空间，培育了市场竞争的机制，激发了活力，但功利主义、商业行为对广播电视的公益性造成了一定的负面影响。

电视改变了人们的生活方式，形成了一种独特的文化现象。《思考电视》的作者说：人们与电视之间存在某种关系，这种关系发生于惯例性地使用电视的过程中。随着时间的推移，这种社会关系的重复和仪式化甚至可以构成一种独特的使用文化。当人们收看电视时，人们就进入了一个复杂的社会世界，在这个世界里，他们会展示其不同的层次对电视和其他人的思想和情感上的投入。这种投入就其本身而言是一种文化形态，与理论家们所设想的规范和意识形态相去甚远。

> 人们与电视之间存在某种关系，这种关系发生于惯例性地使用电视的过程中。随着时间的推移，这种社会关系的重复和仪式化甚至可以构成一种独特的使用文化。

从电视与人的关系这个角度出发，专家们阐述了电视传播的功能，他们认为：电视传播的一般功能或许可以用"解闷"（娱乐和心理调适）、"解气"（舆论监督和社会宣泄）、"解惑"（与新闻和资讯相关的意义系统的提供与指导）来概括。

有人通过大量社会调查发现，人们看电视不单是为了受到教育、获得知识，更想从中得到娱乐甚至窥视的满足，他们更倾向于选择感性、不太费力就能领悟的节目。即使是接受教育，当代人也力求通过轻松快乐的方式去接受。对此，加拿大传播学家麦克卢汉谈到自己的观点，他说：真正的社会教育者在广播电视那里，而不是在传统的学校和教会；媒介在轻松的视听享受中教育人，甚至改变人。媒介的力量首先是悦人耳目，给人以快感、刺激，形成自觉接触的习惯。

今天的电视，不但传输手段和渠道出现了多样化，而且接收终端也发生了多样化。电视的外延有了新的发展，电视的内涵更加丰富，出现了一些以往电视所没有的特性，比如互动性、个性化、草根化等。

专家们已经看到，由于信息的海量和科技手段的更新，电视观众选择的自由度已经大大增加，因而其对节目的挑剔程度也大为提高。有数据统计，在 15 年前，每人平均每天看到 500—800 条信息，今天，每人要看到 3000 多条信息。有的调查报告中说，受众根本就不想知道电视有些什么，他们只关心电视上还会有些什么。习惯性的点击回避在不同年龄、不同性别中广泛存在。美国《洛杉矶时报》有过一次抽样调查，40% 的男性和 28% 的女性有这样习惯做法。在受众选择性增强的情况下，许多地区的电视传播业市场已经进入多频道竞争的"相对过剩时代"。特别是在缺少创新思维和市场竞争中的差异性定位的情况下，大量同质重复的节目的"拥挤"将会成为一个时期电视市场的一大"景观"，节目间的彼此可替代性将使节目竞争的难度大大增加。因而，追求创新、讲求"错位"，以差异求市场，将成为下一轮电视市场竞争热点和关键。美国宾州大学沃顿商学院教授纳尔逊·盖顿说：尽管电视目前仍然是吸引受众的最佳途径之一，但是电视的运营模式是围绕着控制权展开的，显然现在它的广播性正在成为历史。

《现代传播》2006 年第 3 期的一篇文章说：一方面，电视顺应并充分展示了后现代社会文化发展的内在逻辑，成为上帝死亡之后西方人精神深刻变迁的一个形象驿站；另一方面它又以一种强有力的方式，占据社会媒体的中心位置，将这些观念普世化，变为无所不在、伸手可及的事实，从而深刻地改变着这个世界。

电视媒介深刻改造着人们对世界的体验和感受方式的同时，也在影响着人们对世界的认识和思考的方式。一些人认为，这是医治近代科学发展长期的理性至上、概念霸权的哲学统治所出现的思维抽象化片面发展的弊病的良药，另一些人则将其看作是消费社会或后现代社会深度模式消失和文化表象化、快餐化的源泉。以电视媒介等为主要形式的视觉文化正是这样一把双刃剑。我们不能简单否定电视这种先进视觉文化的现象，需要思考的是，如何通过电视文化的表现方式将人们引向对世界深层的感知。在这方面，一些新的电视纪录片频道有着出色的表现。

> 电视媒介深刻改造着人们对世界的体验和感受方式的同时，也在影响着人们对世界的认识和思考的方式。我们不能简单否定电视这种先进视觉文化的现象，需要思考的是，如何通过电视文化的表现方式将人们引向对世界深层的感知。

有专家指出，当今电视不是社会的反映，恰恰相反，社会是电视的反映。电视已成为一门综合艺术形态和文化形态，是一个融新闻、历史、知识、娱乐、大众文化与高雅文化于一体的信息库、知识库、文化库。

在今后相当长的一段时间内，不管怎样变化，电视仍然是人们感觉世界的主要平台。2000年1月，美国在线公司与时代华纳公司合并。一些分析人士说，美国在线之所以选择了时代华纳，是因为电视仍然代表着未来，如果美国在线认为不是电视而是其他什么东西代表了未来，就不会有这起世纪大合并的发生。

○ 广播影视与纸质媒体

曾经有人预言，电视将会终结纸质媒体的发展。然而，这种预言并没有应验。

纸质媒体是一种历史最悠久的大众传播媒体。报纸作为纸质媒体的主要代表，很早就出现在人们的视野中，它成为当时社会权威新闻内容的提供商和权威信息发布的载体。报业采集新闻的能力和效率，报道新闻的权威和深度，长期以来成为整个传媒行业的典范。长期以来，报纸忠实地记录着历史，正如英国人马丁在《报纸的力量》一文中所说：一家报纸的历史，就是出版这家报纸的国家的历史；一家报纸就是一个国家文化的一部日记。对于这种白纸黑字式的信息表达方式，人类已经形成了难以割舍的文化情结。

与广播电视相比，纸质媒体有着明显的不足：传播速度慢，受印制周期限制；内容传递单向，缺乏动态性、互动性；制作成本比较高，信息加工环节复杂；印制需要耗费大量纸张，不适合现代的环保要求；等等。

无论从历史还是从现实的角度看，不同类型的媒体都有着自身不可替代的传播功能和传播特性。这些不同类型的媒体融合在一起，逐渐形成了人类社会信息传播的完整渠道。人们在选择媒体感觉世界的方式上，不是绝对的，也不是唯一的，不同类型的媒体都有其弱点，也都有其无可替代的优势。在发挥信息传递、宣传教育、文化传承、提供服务和娱乐等过程中，不同类型的媒体承担着不同传播使命。

早期的报刊编辑机

美国芝加哥的一家报纸印刷厂

现实的社会是一种多样化的社会。在这种社会里，人们的选择也会是多样化的。不同的社会阶层、不同的年龄层次、不同的职业群体、不同的地域环境，人们感觉世界的方式各有差异，对媒体传播方式的选择也各有差异。多种媒体形态并存符合人们多样化选择。人们置身于多样化的传播环境中，对世界感觉会更加丰富。

广播电视不会也不可能完全取代原有传统媒体，它们会以一种相互交叉、相互叠加的方式向前发展，正如麦克卢汉所说："媒介总是以叠加的方式向前发展，新的媒介的出现并不代表旧媒介的消亡。"

　　无论从历史还是从现实的角度看，不同类型的媒体都有着自身不可替代的传播功能和传播特性。这些不同类型的媒体融合在一起，逐渐形成了人类社会信息传播的完整渠道。人们在选择媒体感觉世界的方式上，不是绝对的，也不是唯一的，不同类型的媒体都有其弱点，也都有其无可替代的优势。

○ 数字化

对广播电视产生革命性影响的是"数字化"。"数字化"是一种依据"二进制"原理改变广播电视信号的传送、处理和再现的新技术，它使广播电视有了更多的传播渠道，形成了更多的形形色色的收视终端。

与"数字化"相对应的传统技术是"模拟化"。"模拟化"的本质是波形复制，是由连续的电信号来表示声音和图像的变化。这种传播技术容易造成信号的失真，随着次数和距离的增加，这种失真就会更加严重，导致信号的质量下降。模拟技术对上端信号的质量要求极高，同时耗费资源多（8MHZ带宽只能传输一套节目），对终端可控性差，不便于信号存储。

长期以来，广播电视以及电影都使用模拟技术。就电视技术而言，这种技术突出表现为"三种颜色"、"图像的分解"，这种分解技术实现水平扫描，垂直625行。现在电视模拟技术基本上还在1924年基础上。就电影技术而言，这种技术突出表现为"电影视觉残留"、"连续画面"。

数字收音机

"数字化"的本质是信息再生。由0和1两个数值表示声音和图像的变化。有电信号为1，无信号为0。接收端去"解读"原来发射的信号。只要"解读"得对，就可以再生原来的信号，或者说原有信号可以准确地恢复，这样，接收端就能还原出和发射端一样质量的图像。基于这样的信号再生原理，发射端和接收端不会在意电波是否减弱，不会在意电波传播过程中的失真现象。

简单地说，"数字化"就是将传播内容进行数字化处理，或者说把传播内容变为数字信号，然后将这些数字信号发送出去，在接收端也有一套相对应的数字设备，将这些数字信号识别还原，变为原来的传播内容。这种传播方式与我们传统的无线电报务方式有些类似。

数字技术与模拟技术相比具有许多明显的优点：抗干扰性强，信号损失小；传输效率高；节省资源，传输成本低；能够融合多种业务；便于存储、检索、共享，易于大规模集成；可快速处理复杂问题，易于精确管理。数字技术在广播电视领域大量应用，将会改变广播电视传统模式，形成全行业的技术转型，将会出现我们需要重新认识的全新的运营形态。

> 数字技术在广播电视领域大量应用，将会改变广播电视传统模式，形成全行业的技术转型，将会出现我们需要重新认识的全新的运营形态。

有专家做出这样的专业分析：当所有媒体都数字化以后，由于比特毕竟还是比特，我们会观察到两个基本的然而却是立即可见的结果。第一，比特会毫不费力地相互混合，形成多媒体的混合的比特。第二，新形态比特，这种比特可告诉你其他比特的信息。混合的比特和关于比特的比特，使媒体世界完全改观。我们可以轻易移动比特，我们可以不受时间和频道限制地大容量录制，使得一些前所未有的节目从全新的资源组合中脱颖而出。

　　"数字化"打破了不同信息领域的界限，广播电视网、互联网、电信网能够相互流通，使整个信息领域在技术上形成了一体。数字将原来的机构层次和单元变得交叉，界限模糊。在整个信息领域，由于"数字化"出现，将面临融合、开放、竞争和合作，这不仅涉及技术，而且也涉及政策、体制、知识、文化，甚至导致人们深层理念的变化。

　　"数字化"打破了不同信息领域的界限，广播电视网、互联网、电信网能够相互流通，使整个信息领域在技术上形成了一体。

　　数字将原来的机构层次和单元变得交叉，界限模糊。在整个信息领域，由于"数字化"出现，将面临融合、开放、竞争和合作，这不仅涉及技术，而且也涉及政策、体制、知识、文化，甚至导致人们深层理念的变化。

　　"数字化"使广播电视的播出主体发生变化。网络服务器成为方便安全的节目集成平台，网络运营者也可能会成为实际上的播出主体。"数字化"使广播电视的传输主体发生变化。广播电视的传输渠道变多了，传输通道有足够的带宽，网络可能成为事实的传输主体。"数字化"使广播电视的接收方式发生变化。广播电视原来传输终端是收音机和电视机，以后将有更多的多媒体的接收终端。节目制作要兼顾多种渠道和多种终端的收视需求。

　　"数字化"的出现，导致了电影领域的巨大变化。有人说，"数字化"是电影有声化、彩色化之后的第三次革命。"数字化"使电影呈现出以下的变革：画面、声音始终如新，画面不抖动；不用胶片拷贝，极大地节省了节目传输发行成本，还可免去因大量洗印拷贝而产生的污染；可有效利用高清节目，极大丰富数字影厅的节目源。

　　"数字化"的出现，形成了许多与广播电视领域密切相关的新概念，例如："云计算"、"物联网"、"流媒体"、"多媒体"，等等。这些新的概念，赋予广播电视新的内涵，使我们对广播电视今后发展有了新的认识。

云计算示意图

○ 三网融合

　　数字化打破了电视、通信、互联网三大行业的界限，使这三者的内容能够共享。这就是人们常说的"三网融合"。也有人将其称之为"三电"(电信、电脑、电视)共生的"后电视时代",这是一个"富媒体时代"(Rich Media)。在这个所谓的"富媒体时代",人们感觉世界的方式在发生着深刻的改变,人们在通过一种新的联系方式来共同感觉着世界和进行着"信息分享"。在这种情况下,"联系"的重要性在许多情况下已经超过了"联系的内容"。

> 在这个所谓的"富媒体时代",人们感觉世界的方式在发生着深刻的改变,人们在通过一种新的联系方式来共同感觉着世界和进行着"信息分享"。在这种情况下,"联系"的重要性在许多情况下已经超过了"联系的内容"。

1993 年 3 月,比尔·盖茨提出了一个"维纳斯计划"。在这个将耗资数十亿美元的计划中,推出了"3C"概念。所谓"3C",就是指计算机(Computer)、通信(Communication)、消费类电子(Consumer electronics)。有专家指出:"3C"的核心,是利用数字信息技术激活其中任何一个环节,通过某种协议使这三者之间实现信息资源的共享和互联互通,满足人们在任何时间、任何地点,实现信息的融合应用。随着"3C"的推行,人们开始在手机上尝试电视和上网功能。

通俗地说,"3C"融合是将 3 种数字化电子产品的功能互相渗透、互相融合,使其功能更加智能化、多元化,使用更方便。目前,"3C"的融合有两种状态,第一种是物理融合,越来越多的不同产品都会融合在一起,诺基亚从来没有想到这两年会变成全球最大的照相机厂。第二种是逻辑融合，手机会和 PC、机顶盒、游戏盒等产品的功能结合在一起，但不一定会融合在一个终端上。同时，未来每一个电子产品都将连入超级网络，冰箱、微波炉、摄像头，一切均可实现融合操作。对此，英特尔公司提出"数字家庭"的概念。这家公司将"数字家庭"视为一种家庭工作、家庭娱乐、家庭生活、家庭自由的概念，并寄希望于集遥控、弹性、简单、可升级等功能于一身的数字产品，并且这些产品具有普通消费者可接受的价格。

我们还要注意专家们随着时代的发展而对"3C"含义作出的更加广义上的解释。在 2005 年国际消费电子展上，有的业界人士就对传统的"3C"提出另类的解释，即"整合"（Consolidation）、"消费者困惑"（Consumer Confusion）、"商品化"（Commodity）。还有的专家指出，今后真正的大融合，不是"3C"而是"6C"，就是在传统"3C"的基础上再加上"连结"（Connection）、"内容"（Content）、"版权"（Copyright）。"6C"不仅强调物理性的"3C"产品本身的融合，还强调更加广泛的"3C"产品信息流的融合。这种融合将实现"任何内容、任何地点、任何设备、任何时间"的信息共享，这也是未来家庭信息化的基本构想。这两种解释，已经超出了纯粹技术的理解，加入了更多的商业性和社会人文方面的思考。

在这种大融合的情况下，人们对视听终端进行了重新分类，于是出现了"3S"概念，即"三个屏幕"（Screens）。第一类是在固定应用环境中使用的视听终端，称为"大 S"，其代表产品是具有多媒体和通信功能的高端数字电视机；第二类是能够方便移动的视听终端，称为"中 S"，其代表产品是笔记本电脑；第三类是能够随身、随时、随地使用的视听终端，为"小 S"，代表产品为 3G 手机。我们传统的"彩电"正在成为家庭娱乐的终端，而手机和电脑则成为个人娱乐的终端。

在"三网融合"过程中，我们应当关注的问题有：视听终端普遍化将伴随出现的"视频泛载"现象，这将对电影的版权和院线放映产生重大影响；"三网融合"的基础是"宽带接入，光纤到户"，有线电视网是广播电视推进"三网融合"的基础，有线电视网与电信网的对接与融合将是推进"三网融合"的关键。

在"三网融合"过程中，我们要特别注意互联网对广播影视传播的挑战。在瑞士达沃斯世界经济论坛年会上，美国微软公司董事长比尔·盖茨提出：互联网将在五年内彻底变革传统电视产业。他认为，在线视频将以其灵活性吸引越来越多的观众，而节目时段固定、经常穿插广告的传统电视将遭冷落。国外学者尼尔森说：未来的五年到十年间，大多数现行的媒体样式将寿终正寝。它们将被以综合为特征的网络媒体取代。

1986 年至 1995 年，互联网逐渐进入到民用和商用阶段。此后，互联网进入到社会生产生活的各个领域，成为信息传播的重要工具。互联网一开始接入时是从教育、科研角度考虑的，但现在网民结构已经平民化了。近些年来，一些权威门户网站点击率快速上升，广告收入呈现高速增长态势。有大量数据表明，越来越多的年青人上网的时间大大超过了收看电视的时间。

互联网的普遍应用，使人类对世界感觉进入了"网络化传播"的时代。与传统传播相比，"网络化传播"的优势是信息数字化、海量化、多媒体、互动性、全球性、即时性、便捷的搜索和查询功能。在人类对世界感觉的挖掘能力上，网络媒体正在发生着巨大突破，"博客"、"播客"等颠覆了传统的信息创造方式，成为一个不容忽视的巨大信息源。

> 在人类对世界感觉的挖掘能力上，网络媒体正在发生着巨大突破，"博客"、"播客"等颠覆了传统的信息创造方式，成为一个不容忽视的巨大信息源。

传统电视媒体的优势是能够把同样的节目在同一时间传送到成千上万的受众面前，互联网的优势则是能够在任意时间将成千上万的视频节目传送到同一个受众面前。两者最大的区别是，一个在收看时间和内容上受众被动接受，另一个则由受众自主选择，在个性化凸显的今天，显然后者的优势更大一些。在互联网上，人类对世界感觉不再像在传统媒体面前那样，被动地受到播出者的限制，不再受到强制性广告的干扰。当前和今后的一段时间内，在互联网这个虚拟世界的"货架"上，由于没有租金，可以不计营销成本，那些主流的非主流的、商业的非商业的视频节目能够在这里得到充分展示，人们的个性化感知能够得到更大的满足。

我们要特别注意当前的"Facebook"。这是一个覆盖面极广的社交网络，它正在改变着人们的生活方式，形成了一些全新的进入世界和感知世界的理念，例如"自媒体"、"150 巴顿数"、"六度关系"，等等。

所谓"自媒体"是指个人主体在传媒领域的放大现象。"Facebook"通过放大个人主体的表达和感知，重新构筑当今世界的沟通连结网络，形成一种全新的感觉世界的方式。这种方式，能够让每个独立人类个体从众多机器算法和非对称信息链条关系中解脱出来，使他们成为创造的源头，重新表现为互联网上的自我，并且以这个自我的现实社会关系，作为信息交换共享的纽带。所谓"150 巴顿数"来自1992 年的一项研究。这项研究表明：人类大脑的记忆力结构，可以容纳148 人的稳定社交关系，一个社会群组合适的规模大致就是150 人，超过此数就无法有效地沟通和协作。

> "自媒体"这种方式，能够让每个独立人类个体从众多机器算法和非对称信息链条关系中解脱出来，使他们成为创造的源头，重新表现为互联网上的自我，并且以这个自我的现实社会关系，作为信息交换共享的纽带。

通过"Facebook"这个社交网络传奇般的崛起，人们感觉到了一个新的世界，这是一个建立在网络虚拟关系上的世界，这个世界正在强有力地挑战着我们的传统世界。正如有的专家所说："Face-book"创建者扎克伯格想要创造的一个世界，这是一个在某种乌托邦寓言中才能设想的透明、平等、丰富的世界，在这个世界中，最重要的不是"等级"或者"知识"，而是"选择"、"发布"与"购买"。

> 通过"Facebook"这个社交网络传奇般的崛起，人们感觉到了一个新的世界，这是一个建立在网络虚拟关系上的世界，在这个世界中，最重要的不是"等级"或者"知识"，而是"选择"、"发布"与"购买"。

我们应当注意到与广播电视密切相关的现代网络世界中的"身份认同"问题。美国麻省理工学院教授谢丽·特科在其《屏幕生存：互联网时代的身份认同》一文中说：网络生存可以让青少年以相对轻松、免责的代价尝试各种不同的身份，并提供了一个与生活平行的空间，这些角色扮演的例行公事成为每一位玩家生活中的一部分。它轻松地混淆了自我和游戏、现实和仿真的界限，现实不过是屏幕上众多弹出窗口中的一个，而且不是最好的一个。

对于许多人来说，"Facebook"是一个能激发某种身份想象的符号。用"Facebook"账号登录第三方网站、游戏系统和移动设备，这相当于给你一张虚拟空间的身份证，它比你现实生活中的身份证所提供的信息更加完整、私密甚至更有效。对于年轻人来说，虚拟空间的很大一部分乐趣就在于可以对自己的身份进行试验。

这种"身份认同"派生出"第二人生"的概念。这是一种在网络世界中建立起来的人生形态。有人说：除了那些以 3D 化身姿态行走于"第二人生"的网络民众，其他一些经济和政治的重量级角色也在这个 3D 舞台上重演自己在现实世界的社会分工，这个虚拟世界的人口在 2006 年几乎每个月以 40% 的速度增长。

对于"Facebook"带来的上述影响，我们可以这样去作更深层次的理解：在网络这个虚拟的世界里，我们可以用各种自我身份去感觉世界，或者说我们可以比较自由地去感觉各种身份所能感觉到的那个世界。这种变革的意义在于，我们今天在感觉世界的过程中，不仅仅是感觉对象的改变，而且还是感觉主体的改变。

> 在网络这个虚拟的世界里，我们可以用各种自我身份去感觉世界，或者说我们可以比较自由地去感觉各种身份所能感觉到的那个世界。这种变革的意义在于，我们今天在感觉世界的过程中，不仅仅是感觉对象的改变，而且还是感觉主体的改变。

○ 新媒体

三网融合，催生了不同于传统广播电视的"新媒体"。所谓"新媒体"，是指伴随着卫星通信、数字化、多媒体和计算机技术的发展，在网络技术基础之上发挥传播功能的各种新型媒体。例如，能够通话和进行一些网络业务的收视终端，或者能够收看影视节目的电脑，或者能够收看影视节目也能够上网的 3G 手机。

与传统媒体相比，新媒体具有以下明显的优势和特点：开放性、实时性、互动、融合、个性化、多对多、一对一、受众主导、受众细分。另外，新媒体的机顶盒还具有过滤广告的功能，这样可使人们远离被迫接受广告的烦恼。

大量不同于传统媒体的新媒体迅速涌现，取决于网络传播功能向更大范围迅速延伸，取决于网络传播的互动性和去中心化的特性。电脑和网络的出现，媒体自身从原本横向而同质的媒体，演变成截然不同的边缘模糊的新媒体。传统媒体的"面对面"的联系，演变成新媒体的"点对点"的联系。人们可以任何时间、任何地点通过电脑、手机、相机等上网，看真人秀，看电视，发送接收文字、图片，接听电话，收听广播，等等。通过新媒体，人们能够更加多时空、多层次、多形式、多元化地去感觉周围的世界。

在 2008 年北京奥运会上，这种建立在互联网基础上的新媒体，充分体现了它独特的传播优势以及它所带给人们的全新的感觉享受。在这届奥运会上，国际奥委会首次将电视版权与新媒体版权分开销售，提升了对新媒体的重视程度。根据央视国际网站 cctv.com 的调查，有82%的人希望通过新媒体收看奥运会的赛事。网络成了人们希望能够收看奥运电视转播、了解奥运信息的重要渠道。在这届奥运会上，新媒体具有了独立于传统媒体（主要是电视）的经济价值，它的视频网站成为人们感觉和享受奥运的新平台和新亮点。

新媒体收视终端

　　《参考消息》有一篇文章这样描述了新媒体的特征以及它对传统媒体的挑战：软盘、卡带和唱片都已寿终正寝，连带你的电影、音乐和游戏一起成为古董。我们追求更逼真的计算机图像、更清晰的电影和最新的计算机软件。要满足我们这种日益增长的需求就需要更新的存储方式，从而需要花更多的钱。对消费者来说，这是一个吞噬金钱的无底洞。你现在拥有的 DVD 机就已经受到已在高端市场推出的蓝光高清晰 DVD 的威胁，但在你急着购买这种最新技术以前，你可要明白，更新的技术即将出现，它很快就要替代蓝光 DVD。主要的竞争者是全息存储，这种存储是在三维空间而不是二维空间。全息光盘保存时间长，可以保存 50 多年，存储的量大，可以保存 3 万多部电影。

　　2011 年 12 月 5 日《三联生活周刊》最新调查资料表明：北京地区每晚百户的电视开机率是 38%，而 3 年前是 75%。据 CNNIC 调查，去年有 4000 万人声称不再看电视了。全国电视收视率一年要下降 13% 左右，而在过去 3 年，网络视频收视率以每年 300% 到 400% 的速度增长。

美国新闻集团董事会主席默多克也注意到了这种挑战，他在2009 年致股东的一封信中谈道：广播电视的商业模式备受挑战，广告收入已经无法支撑越来越高的节目制作或购买成本。受众的注意力已然碎片化，观众不再忠实于某个频道，他们忠实于某个品牌的节目。因此，我们需要考虑新的传播渠道。

新媒体的出现，它对传统媒体不只是挑战，同时也有融合促进的另一面。在许多情况下，新媒体与传统媒体并不是截然分离的，而是一种有机的结合，使得传统和现代的传媒资源更为融合，并使包括广播电视在内的传媒形态发生了明显的变化。在传播方面，新媒体将传输前端、传输信道、接收终端的技术统一起来，无论是报刊、广播、电视，还是电影、音乐、书籍等传统媒介形式，都可以融入新媒体之中。在内容方面，原来不同媒体的不同质的内容将转化为新媒体的同质的不同的节目形式。大量现象表明，传统媒体将更加积极地去对接新媒体，而新媒体也将会更加主动地融合那些传统媒体。现在，许多广播电台和电视台都建立了网络台，实现了节目内容在传统媒体平台和新媒体平台上同步进行。

> 新媒体与传统媒体并不是截然分离的，而是一种有机的结合，使得传统和现代的传媒资源更为融合，并使包括广播电视在内的传媒形态发生了明显的变化。

有专家从传媒的文化历史进程中分析了新媒体的特点：印刷时代强调文化的传承性，电视时代则彰显文化的丰富性、敏锐性，而网络时代则突出了社会成员的个性价值和成就了人们的个性发展。

苹果的乔布斯是新媒体的创新者和引领者，他改变了传统媒体的播送方式，改变了人们的视听方式，从而也改变了人们感觉世界的方式。美国总统奥巴马对他有这样的评价：他改变了我们的生活，重新定义了整个行业，并获得了人类史上最罕见的成就之———改变了我们每个人看世界的方式。

○ 读屏时代

从感觉世界这个角度去看，当今时代，是一种视觉的时代、读图的时代、读屏的时代。

记得一位年青的学者说过：我们越来越感觉自己生活在一个"读图"时代，一个"视像"与"仿像"的时代，文字的东西在逐渐湮灭，取之而来的是图像、影像对人思考的直接占领，就连图书馆里供人查阅的资料也许最终都会变成"录像带"和"DVD"了。

在这个读屏的时代，影像传媒业迅猛发展。电视以它的直接性、生动性、形象性成为广大受众易于接受并且日益依赖的主要媒体。电视充分利用和开发了人类认识事物的两种主要途径——视觉和听觉，电视的认知、教育、审美、娱乐功能得到全面体现。从某种意义上说，电视成为人们现代生活的文化图腾，成为人们感觉世界的主要渠道。

人们综合利用现代技术制造各种便捷的电子屏幕，并通过这些屏幕观察他们所想要观察的世界。在屏幕上，形象代替了抽象，动态表象代替了书本的静态表象。

人们通过屏幕看到的世界，是一个"模拟"组合的"数码复制"的世界。人们通过广播电视所体验的语境，是一种媒体与其他媒体之间不断参照、传译、转录、拼接而成的"超真实"、"超文本"的媒体语境。

读屏，是一种后现代的文化感悟与消费方式，它相对应的是一种传统的话语性的文化感悟与消费方式，它强调形象、感觉、本能、诙谐、直接、体验。读屏，更多强调的不是说教，而是娱乐，不是深思，而是直观，不是概念，而是感性，不是逻辑，而是意会。

> 读屏，是一种后现代的文化感悟与消费方式，它相对应的是一种传统的话语性的文化感悟与消费方式，它强调形象、感觉、本能、诙谐、直接、体验。读屏，更多强调的不是说教，而是娱乐，不是深思，而是直观，不是概念，而是感性，不是逻辑，而是意会。

读屏，是一种典型的视觉文化。在专家们看来，与现代"视觉文化"相对应的是传统的"印刷文化"。"印刷文化"让人"看"的主要是语词和概念，它是以理解性、象征性的内容诉诸人们的认知、想象和思考，而"视觉文化"让人"看"的主要是形象，它以虚拟性、娱乐性的表象供人欣赏、参与和消费。

人们通过书本的文字感觉世界，这个世界是一种象征性的，概念性的，甚至是抽象的，人们已将这个世界长时间地凝固起来，不断反思它，理解它。现代视觉媒体强调受众的瞬间形象感受，它要求受众按照自己的速度去感觉世界，它留给受众的不是大量的思考时间和思考的感受，而是一些形象性内容和情感刺激，它追求的效果是受众即时的情绪化反应。从这个意义上说，所谓的"印刷文化"是一种线性的时间性文化，而当代"视觉文化"是一种立体的直观的空间性文化。

> 现代视觉媒体强调受众的瞬间形象感受，它要求受众按照自己的速度去感觉世界，它留给受众的不是大量的思考时间和思考的感受，而是一些形象性内容和情感刺激，它追求的效果是受众即时的情绪化反应。

专家们认为，语言艺术是线性的，而图像艺术则是格式塔式的。前者是指，语言艺术是一个由点到线，再由线到面的聚合过程，具有非直接性、抽象性等特点，由此形成了一种概念推理判断的思维方式与宁静、沉思的审美方式。后者是指，图像艺术的每一个画面都具有整体性、直观性，由此形成了一种"凝视"和"参与"体验的感受方式。

> 图像艺术的每一个画面都具有整体性、直观性，由此形成了一种"凝视"和"参与"体验的感受方式。

在专家们看来，大众审美的日常形象被更加视觉化、听觉化了，成为凌驾于心灵体验、精神追索之上的视听性存在，赏心被悦目、悦耳替代。"美丽"不在心灵，而成为画在美女浓妆上的媚态；"诗意地栖居"也不再是精神的栖居，而成为别墅的代称。审美被物化，被悉心经营和强化的色彩、构图、光影等可视物象所替代。这种由视听表达与视听满足所构筑的美学现实，颠覆了注重非功利要求的传统美学，营造了一种更具官能诱惑力的实用美学，使追求感觉享乐有了理性说法。

对于这个问题，我个人的看法是：语言文字的抽象性、概念性，可由人们构想一个画面；图像的直观与参与，可由人们构想一个概念。图像的欣赏不一定就不宁静、不沉思。在这个问题上，我们不能过于片面。在人们面对读屏时代电视媒体的"速度强加"面前，人们有时候需要停留，需要静思，需要进一步了解画面背后的内容，需要平静而不是急躁地去感觉世界。这就要求我们在"有意识停留"上做起文章，可增加一些诸如"影视解读"等方面的内容。

> 在人们面对读屏时代电视媒体的"速度强加"面前，人们有时候需要停留，需要静思，需要进一步了解画面背后的内容，需要平静而不是急躁地去感觉世界。这就要求我们在"有意识停留"上做起文章，可增加一些诸如"影视解读"等方面的内容。

在读屏时代，我们不能不正视动态图像文化对人类感知和情感、对人类表述与价值系统所产生的深远影响，尤其在大量运用虚拟仿真技术的现代动画影像上，这种影响表现得更为明显。

　　在读屏时代，我们必须面对这样一个现实：凡是没有进入屏幕的现实世界，没有经过屏幕处理的现象与认识，都难以进入当今文化的主流层面。在很多情况下，人们感觉世界，隔着一块屏幕。面对这块屏幕，人们不能不怀疑他们所感觉的世界是否真实。

　　我们必须面对这样一个现实：凡是没有进入屏幕的现实世界，没有经过屏幕处理的现象与认识，都难以进入当今文化的主流层面。

　　一位名叫麦柯本的作者，为了探究未来的多频道电视世界，从一个80个频道的有线电视系统录下了每一个频道24小时播出的节目，看完后写成了《信息迷失的时代》一书。他说道：一般人所批评的电视内容颓废，或使人注意力不集中，或造成谋杀率上升，这些我都不以为然；真正令我感到忧心的，乃是电视改变我们的感知。电视与其所建立的文化，阻隔淹没我们与现实世界细腻而生动的信息接触（麦称之为"基础信息"）。他还指出：电视新闻以长98秒的时间播报的最新消息，只能算是"信息"，恐怕谈不上"理解"和"智慧"。电视所捕捉到的重要历史事件，终将为人们所遗忘；电视让人们没有时间反省，因为"一种思维马上被另一种思维所取代"。

○ 广播电视改变了人们感觉世界的时空观念

广播电视的出现和发展，使人们传统的时间和空间的观念发生了变化。这种变化，对人们社会生活方式产生了重大影响，它使人与人之间、人与社会之间的关系也发生了微妙的变化，甚至人们的社会价值观念也随之发生着一系列的变化。

现代传媒技术提高了人们接收和处理信息的能力，使人们能够更加直接、清晰和形象地感觉世界。现代传媒技术扩展了人们身体感官的功能，增大了人们感知信息的范围，缩短了人们感知信息的时间，而这种扩展导致了人们在感觉世界过程中形成了一种全新的时间和空间观念。

现代传媒技术扩展了人们身体感官的功能，增大了人们感知信息的范围，缩短了人们感知信息的时间，而这种扩展导致了人们在感觉世界过程中形成了一种全新的时间和空间观念。

著名传播学者麦克卢汉特别关注传媒技术对时间、空间以及人类感知方式的影响。按照他的观点，单纯去关注传媒中的意识形态或符号结构，就难以把握其中的要点，是那些现代化的传媒技术手段，有效地转化和形成了新时空关系，重新建构公共生活和私人生活，重新建构社会关系和感觉方式。在他看来，地球村已经抹去了印刷制品时代文化的等级制度，印刷文化的兴起培植了理性的、个人主义的文化，而电子文化使得时间和空间都不复存在，形成一种与口语文化相似的、共同的全球文化。

现在，人们可以通过广播电视，直面天南海北，观察世界各地。人们通过广播电视，有着与以往极大不同的空间体验。广播电视作品的"可复制性"，更是使这类艺术的接收突破了时空限制，人们可根据需要即时即地的进行艺术欣赏活动。

当你通过广播电视接触到世界某地的一个场景时，你的空间体验将会在这个场景之中，而并不是你所处的实际的空间位置。就像有的专家分析的那样，广播电视日益把空间从地点中分离出来，使空间逸出了身体互动的界限，地点逐渐变得捉摸不定。因为当你同时身在彼处又在此地，此地的概念便被推翻了，空间因而成为没有身体这个天然界域的平面化无差别的存在，成为无地方抽象的他者。甚至有专家认为，当赛博空间（cyberspace）出现之后，不仅古希腊的空间，就是牛顿的物理空间，也不存在了。

广播电视把人们的时空做了"碎片化"的切分，因此有人提出"时间格子"的概念，将人们同在的时间模式由原来的一条缓缓流淌的河流变为高度细分的格子。具体说，人们受到广播电视节目经理的操控，把自己的生活按星期进行分切，变成一段段时间小格，用自己的活动去填补。人们想随时随地看电视听广播，这方面的需求有心理需求，也有内容需求。心理需求是用它来消磨等人、坐车等无聊时间，内容需求则更多关注收看的内容本身——这种内容要满足人们短时间文化消费的需求。随着互联网及视频内容的各种传播方式的快速发展，收看电视的人群的空间位置和时间安排将会越来越"碎片化"。

有一位叫柏格森的专家，他发现传统的时空观念的奥秘就在于通过空间来理解时间的运动，可是在现今的广播电视时代，这种时空观念正在发生着重大的改变。这种理解，是一个很令人费解的哲学命题，在广播电视所展示的客观世界，人们的时间运动的感觉减少了对空间的依赖，同时，在很多情况下，对空间转换的理解需要通过时间。

不同的广播电视节目形式，带给人们不同的时空感觉。电视直播在改变人们的时空感观方面有着十分明显的作用和效果，它实现了信息的共时分享。不同的收视终端，带给人们不同的时空感觉。有人说，IP电视解放了你的时间，手机电视解放了你的空间。

广播电视给人们制造了一个虚拟的世界，一个只能通过感觉认知的世界，这是一个能够让人们有着更多感觉体验的无形的空间。一位名叫卡斯特的传播专家谈道：一个真实的虚拟的文化，围绕着相互影响的日益加强视听宇宙被建构起来，渗透到每一处精神表征和沟通传播中，以电子超文本整合文化的丰富性。空间与时间作为人们经验的物质基础，已经被转化了，流动空间支配了地方空间，无时间性的时间废除了工业时代的时钟空间。（参见《电视文化形态论》第28页）

> 广播电视给人们制造了一个虚拟的世界，一个只能通过感觉认知的世界，这是一个能够让人们有着更多感觉体验的无形的空间。

随着科学技术尤其是虚拟仿真技术的发展，人们可以越来越自由地超越时空的限制，根据自己的想象，创造一个自己所想要的世界。

一位名叫波德里亚的学者，在他的《完美的罪行》一书中表达了一个这样的观点：由于技术的发展，一切都变成非真实的、仿真的，甚至拟像的。真实消失，一切都成了虚像，一切都受控于技术，一切都将为技术所终结。在这个世界中，电子和传媒控制了人们的生活，主导了现代世界的真相。

○通过广播电视所感觉到的"政治"

广播电视是一种政治工具，它在政治领域具有不可替代的功能和作用，它表现出非常明显的政治属性。从这个意义上说，我们应当从政治角度去观察广播电视，或者说，通过广播电视去感觉我们现实的政治世界。

从政治角度观察广播电视并感觉现实的政治世界，需要着重分析广播电视与权力的关系，探讨广播电视的社会的控制力和影响力。在对这些问题研究的基础上，可以进一步观察当今传媒时代特殊的社会政治形态和政治性架构。

广播电视本身不是权力，但它可以影响权力，可以放大权力。

日本传说中，有一个"三大圣物"的故事。有人将三个圣物送给了太阳女神，它们分别是宝剑、珠宝和镜子。这三个圣物分别象征着一种皇权，前面两种好理解，而后面的镜子，则象征着太阳女神的视力，它有着"观察"、"想象"、"意识"等诸多含义。电视，就是现代的镜子，是一种高质权力的象征和载体。

在 20 世纪 90 年代，我读过著名未来学家托夫勒的一本书，名叫《权力的转移》。当时的印象并不是很深刻，但在 21 世纪初，我接触到广播电视之后，对这部书的思想，才有更为深刻的体悟。

托夫勒认为，权力是一种有目的的支配他人的力量，是由暴力、财富和知识三者构成的（类似于太阳女神的三大圣物：宝剑、珠宝、镜子）。最简单地体现权力的方式就是行使暴力，这是一种低质量的权力形式，它缺少灵活性，只能用于惩罚，并且风险很大。财富则不仅可用于威胁和惩罚，还可用于奖赏，比暴力灵活得多。而高质量的权力则来源于知识，它既可用于惩罚和奖励，也可用于劝说；它既能扩充武力和财富，也能减少达到某个目的所需要的武力和财富的数量。

　　在托夫勒的权力转换模式中，知识是一个极为重要的概念。这里所说的知识，并不仅仅是理论与实际经验的概括，还包括信息、数据、图像、态度、价值观及其他一些象征符号。这一概念的拓展，在他的权力理论中有着极为重要的意义。在现代社会，广播电视是传播政府政策意图的有效工具，是社会舆论的风向标，是社会信息的分配中枢，虽然它不是直接决策的主体，但它对决策过程有着重要的影响。

> 　　在现代社会，广播电视是传播政府政策意图的有效工具，是社会舆论的风向标，是社会信息的分配中枢，虽然它不是直接决策的主体，但它对决策过程有着重要的影响。

　　广播电视作为信息时代的高级形态，是信息的第一解读人和价值的认定者。从这个意义上说，我们每天所接收的信息以至于我们的思想在很大程度上是受广播电视控制的——这正是广播电视所具有的无形权力的一种体现。在谈到当今的广播电视商业巨头时，《娱乐经济——广播电视力量优化生活》一书的作者说："他们的权势的根本之处在于，在信息时代，他们控制着信息，控制着全球'1'和'0'二进制数字化的浪潮，由此塑造着我们的思想、我们的观点、我们对世界的看法。"

广播电视作为信息时代的高级形态，是信息的第一解读人和价值的认定者。从这个意义上说，我们每天所接收的信息以至于我们的思想在很大程度上是受广播电视控制的——这正是广播电视所具有的无形权力的一种体现。

广播电视掌握着一种无形的潜在的权力，有人说它是"无冕之王"。广播电视的权力体现在它的巨大传播力和影响力上。西方世界认为，默多克的影响力超过美国总统，因为美国总统主要在美国发号施令，而默多克的"媒体帝国"的疆域覆盖地球的每一个角落，他可以在世界任何一个地区呼风唤雨，难怪《时代》周刊曾把默多克、比尔·盖茨和克林顿并列为 20 世纪最后 3 位世界名人。我编译《克林顿》一书时，发现克林顿就曾经感慨地谈道：思想宣传的电波能够穿透厚厚的柏林墙！

广播电视是透视镜，它可以让权力透明，这也就是我们常说的"媒体监督"。

广播电视是放大镜，它可以让权力放大。世界的本体是能量，广播电视本身就是一种能量，并且它的作用还能够放大能量。早在第二次世界大战期间，美国罗斯福总统利用广播，通过四次"炉边谈话"，施展了自己富有亲和力的语言魅力，使人们产生了邻居之间交谈的感觉，产生了"呼风唤雨"的效果。

广播电视与政治家有着非常密切的联系，它可以将一名政治家的政治能量瞬间放大，也可以将这位政治家的政治能量瞬间消失。许多有政治常识的人都能够感觉到：没有新闻的人不会是政治领袖，不善于"触电"（利用广播电视媒体）的人不会是成功的政治家，没有进入广播电视的人将被边缘化。

许多有政治常识的人都能够感觉到：没有新闻的人不会是政治领袖，不善于"触电"（利用广播电视媒体）的人不会是成功的政治家，没有进入广播电视的人将被边缘化。

美国有一本专门描述白宫内部政治斗争的书，书名叫《硬球》。这本书写到了广播电视如何对政治家的能量产生重大的影响：共和党媒体宣传策划人罗杰·艾尔斯曾经在理查德·尼克松和罗纳德·里根两届政府任过职。为了彻底结束杜卡基斯的政治生命，他精心策划了一系列的电视广告不断播放，给人们留下了深刻的印象。其中的一则商业广告是杜卡基斯录像带中的一个特写镜头，但是把它荒诞化了。广告中的这位民主党总统候选人头戴钢盔，在美国军队的坦克上游行抗议。这不禁让人想起了史努比装模作样冒充空战英雄红色男爵的形象。

每一位政治人物都要善于"形象定位"，这要依靠媒体。里根将自己定位在"政治上的旁观者"和"伟大的沟通者"上。他经常使用广播电视来提高自身的电视形象。每个周六，他都会选一个不同的话题来谈，但是他所传达的信息大体上都是一致的，没有太大的差别。只要在周六美国东部标准时间下午 12 点过 5 分打开收音机，人们都会听到那个在艾奥瓦受过训练的标准播音员的口音传来，怒气冲冲地冲着政府发牢骚。听着他讲话的时候，人们很容易忘记，这个发表评论的"波托马克河上的保罗·哈维式的人物"正是联邦政府的首脑。听着这样的话，让人们感到他就是自己的一个邻居，跟自己一样对周围所发生的一切都充满关切。里根选择的时机非常恰当，周六人们不上班，总统也停止工作，掌握华盛顿高层权力的其他人也休息了。

广播电视对国家安全和世界政治有着不可低估的重大影响。

英国《金融时报》发表了一篇评论"欧洲要抵抗概念战争"的文章，文章详细介绍了一部名叫《大概念：新思想的核心指南》的书。该书的作者哈金把美国对世界的新思想创造视为一场"概念战争"。他认为美国的获胜之道有两个方面：一是美国的学术机制吸引了这个世界上最优秀的思想家，大学和智库给他们提供了从容不迫的思考和写作空间；二是美国的思想家们掌握了将复杂概念用最可接受的方式解释给公众的能力。许多国家谈到全球化可能成为美国化的时候，都会担忧美国的思想、概念甚至制度在这种"概念战争"中成为全世界的概念。的确，当今世界政治、经济、军事乃至文化体系中的大多数流行词汇和流行概念，其实都源自美国。

概念战争首先是一场软实力的战争。这是一种改变人们喜好的力量，是一种控制人们思维的力量，是一种无形的力量。进行这场战争的主要武器，就是包括广播电视在内的各种传播工具，进行这场战争的主要思想也恰恰是指导广播电视的各种传播理论。传播学有一个概念叫"议程设置"，媒体不能主导读者怎么想，却能主导世界想什么。在"概念战争"中，同样也存在着世界议程设置的问题。善用各种传播渠道的国家，天然地就拥有一种能够主导各国议程的能力；而传播渠道越多，对如何解释问题就有更大的影响力。约瑟夫·奈把这种"议程设置"称之为"同化的权力"。

由于现代传播技术高速发展，由于现代传播手段特殊的功效，广播电视在维护国家安全方面具有更强的敏感性和辐射力，因而它也是维护国家安全整个防线中的特殊阵地。从现实中所发生的大量事件可以看出，广播电视可以是唤起一个民族觉醒的最有效的方式，可以是控制事态演变的最有效的手段，也可能是引起一个灭顶之灾的危机的导火索。所以，我们必须高度重视广播电视在维护国家安全方面的影响和作用。

> 从现实中所发生的大量事件可以看出，广播电视可以是唤起一个民族觉醒的最有效的方式，可以是控制事态演变的最有效的手段，也可能是引起一个灭顶之灾的危机的导火索。

当面对危机的时候，广播电视有着一种特殊的功能和作用——舆论缓释。所谓"舆论缓释"，是媒体为了保证组织和个人能够将危机时期集聚的某些对社会的不满情绪在法律保护前提下得到宣泄，以此达到缓解或者消除敌对或不满情绪的目的，从而维护社会群体的正常生活和既定社会关系的一种舆论调控范式。

○ 通过广播电视所感觉到的"经济"

当今时代，广播电视与经济有着越来越密切的联系。经济影响着广播电视，使广播电视已经越来越不像人们以往印象中的广播电视，而广播电视也深刻影响着经济，使经济有着越来越明显的"注意力经济"、"体验经济"和"娱乐经济"的特点。我们要从"广播电视"与"经济"的相互影响上，认识什么是"经济传媒"和"传媒经济"，从中解读知识经营和信息增值的规律和特点，全面观察我们当今时代的广播电视形态和经济形态。

> 我们要从"广播电视"与"经济"的相互影响上，认识什么是"经济传媒"和"传媒经济"，从中解读知识经营和信息增值的规律和特点，全面观察我们当今时代的广播电视形态和经济形态。

有许多资料和数据表明，广播电视经济已经成为当今经济的一个重要组成部分，并且它所占据的比重仍在逐年上升。在一些发达国家，以广播电视为主体的传媒业已经成为规模巨大、利润丰厚的产业之一。20 世纪 90 年代以来，许多知名企业从《财富》500 强中落选，而许多传媒集团却挤了进来，而且《财富》500 强中许多企业新增长的利润有许多来自下属的娱乐公司和传媒公司，如通用、索尼、松下、百事可乐、西屋、三星等。

在《娱乐经济》一书中，作者谈道：一百多年前，工业家和金融家有他们时代的象征，卡纳基家族、梅隆家族、洛克菲勒家族。如今，托德·特纳、米切尔·埃斯耐、塞缪尔·雷德斯通以及罗伯特·默多克是那些能够成为头版头条新闻和人们街谈巷议的焦点的商界人物。他们是现代商务的征服者，他们和过去的富豪一样，开辟出世界上新的庞大领地，创造着巨大的财富。这位作者确信：对全球观众的情感、兴趣和忠诚的征服，完全可以创造出更多更大的财富来。

> 对全球观众的情感、兴趣和忠诚的征服，完全可以创造出更多更大的财富。

文化与经济的一体化成为当代世界经济的发展趋向。伴随着人们精神、心理需求和欲望的增大，出现了"文化的经济化"与"经济的文化化"的现象，人们需要重新认识文化的经济功能和经济的文化含量。

广播电视既是文化领域中的一个重要组成部分，也是经济领域中的一个重要组成部分。广播电视具有主动的舆论操控性，它能够引导市场和消费理念，形成巨大的市场注意力资源，这就决定了它在现代经济领域中的地位。与此同时，我们不仅要注意广播电视自身的经济规模，同时还要注意广播电视对其他经济领域的重大影响。

这种影响来自它的传播能力和由此产生的巨大影响力。

> 广播电视既是文化领域中的一个重要组成部分，也是经济领域中的一个重要组成部分。广播电视具有主动的舆论操控性，它能够引导市场和消费理念，形成巨大的市场注意力资源。

用现代经济的观点来看，广播电视在经济领域是以文化工业的面目出现的，其追求的目的将会更多地体现在商业利润上。文化工业之所以能够称之为"工业"，其一个重要的表现就是它的"批量化生产"。广播电视依靠其数字复制技术，在"批量化生产"方面有着得天独厚的优势。

广播电视对经济领域的影响是一种"无形"的影响，它在市场上体现的经济价值在很大程度上是它拥有的特殊的"无形资源"。在现代商战的激烈竞争中，这种"无形"资源更加重要。有专家指出，工业时代（牛顿时代）企业管理的目标是改变物质、优化物质。信息时代（量子时代）的企业管理，则仅以激发人的创造力和潜藏在内心的欲望、感觉为目标——这正是经济领域"无形"因素凸显的重要原因之一。实现信息时代的这种目标，离不开广播电视。

在当今时代，财富是什么？它的真正价值，更多的不是体现在有形上，而是体现在其中无形的知识含量和文化价值上。现在为消费者提供的大量产品中，没有"无形"内涵的"有形"产品，是没有真正价值的，不会赢得广大和长久的市场。

还有许多企业战略家，善于借助广播电视来达成自己的营销目的。例如，英国人出版了一部名叫《化妆舞会》的儿童读物，要小读者根据书中的内容猜出一件宝物的埋藏地点。这件宝物是一枚制作精巧且价值昂贵的金质兔子。这家出版社与英国的广播电视媒体合作，在英国掀起了一阵寻宝热。两年以后，果然有人找到这件宝物。这时，《化妆舞会》的书已经售出200万册，出版商和广播电视台获得了巨大的利润。

现代广播电视如何影响经济？我们可以看《货币战争》书中的一段话：在美国，无论是纸币还是银行存款，都不像商品那样具有内在价值，美元仅仅是一张纸，银行存款也只是记账本上的一组数字。那究竟是什么使得这些支票、纸币等工具在偿还债务和其他货币的时候，能够被人们按照它们的面值来接受呢？主要是人们的信心。广播电视的作用就表现于此，它能够增强或者破坏人们的信心。如何通过广播电视影响消费者的信心，是当今市场营销学中的重要课程。

有一种"符号消费"的理论可以让人清楚看到当今广播电视对经济的影响。这种理论认为，人们现在消费的商品实际是一种符号，人们更多关注的并不是商品的使用价值，而是它自身蕴涵着的文化价值。这种理论还认为，当资料、情报和知识流动于超级符号经济的神经系统时，谁能够控制信息的转换和再转换，谁就会获得巨大的成功。毋庸置疑，在这方面，广播电视有着越来越明显的优势。

通过广播电视，我们的经济领域分配知识、评估知识，使用符号信息系统传递知识。通过广播电视，我们正在新经济领域建立新的知识网，将各种概念互相联系，不断推出刺激市场需求的新的推论、假定、语言、代码和逻辑。有头脑的企业战略家，通过广播电视掌控着市场主动权。

> 通过广播电视，我们正在新经济领域建立新的知识网，将各种概念互相联系，不断推出刺激市场需求的新的推论、假定、语言、代码和逻辑。有头脑的企业战略家，通过广播电视掌控着市场主动权。

娱乐成为现代经济的时尚，也是企业逐利的热点，甚至有人专门撰写了《娱乐经济》一书，详细阐述了娱乐与经济的相互联系。实际上，正是在广播电视的强力推动下，娱乐在现代经济中产生越来越重要的作用，娱乐元素在现代经济中得到成倍的激活和放大。

有专家指出：娱乐是一种有价的艺术休闲和消费，娱乐化作品常常将审美价值转化为传播价值和市场价值，将审美亮点转变为广播电视热点和市场卖点。在这个转变过程中，文艺在某种程度上由精神的营养品变成了精神的消费品甚至欲望的消费品，艺术欣赏常常与市场营销共鸣。从这个角度看，在广播电视中制造娱乐偶像，推进造星运动，其实为的是打造市场和商品的人格化品牌。

有专门研究娱乐经济的专家指出：人们娱乐的需求，呼唤着更多的娱乐产品和更大的娱乐市场。现代的娱乐产业和娱乐市场，无孔不入地渗透到人们生活的每一个部分，按照人们的消费需求，为人们量身打造地提供各种娱乐产品。当前娱乐业的竞争异常激烈并且竞争领域极为广泛，不仅在大型娱乐商业中心，而且还延伸到家里、办公室、度假地、航班席位、餐馆，同时涉及了电脑屏幕、电视广告等许多领域。许多商家正在通过广播电视这个平台大量使用娱乐手段来引导消费，扩大市场。

一些精明的企业家发现，现代商战竞争的成败取决于对消费者飘忽不定、变化多端的注意力的把握，只有用某种令人印象深刻的方法才能抓住它，而这些"令人印象深刻的方法"大多出自于广播电视的节目策划人之手。

在广播电视深刻影响着市场的同时，市场也在深刻影响着广播电视。由于现代广播电视具有产业属性，它的市场化特征也越来越明显。

广播电视的市场化，是由广播电视大规模进入市场化运营所导致的，它是一种涉及广播电视领域内部结构和体制变化的转型，关系到我们对广播电视属性、功能、作用等多项战略问题的重新认识，关系到我们从一个更加准确的广播电视的战略定位上去认识其市场中的文化业态。

广播电视的内容不仅是精神的提供品，同时还是文化消费产品。这种文化消费产品有着自身的经济价值，完全可以按照市场经营的方式得到巨大的经济回报。于是，人们提出了"文化生产力"的概念，并将这种"文化生产力"归属于"社会生产力"的一个重要组成部分。这样，电台和电视台就有了生产的功能，有了赢利的任务，逐渐变成一个从事市场经营和竞争的企业。

广播电视在这种"市场化"的转型过程中，产生了许多我们过去未曾遇到的新矛盾和新问题，引发我们对一些重大战略关系的深度思考，例如：公益性事业与经营性产业的关系，意识形态安全与大众广播电视的开放的关系，现代文化形态与传统文化形态的关系，传统媒体与新媒体的关系，正面文化引导与市场收视率的关系，社会效益与经济效益的关系，深化改革与加强管理的关系，等等。

无论我们愿意还是不愿意，广播电视在这种"市场化"的转型过程中，其自身正在被市场所扭曲，进而使我们通过广播电视认知的世界也正在被扭曲。在一本书中，作者对现代广播电视被市场化扭曲的现象作了形象的表述：现在成堆的新闻大多根据商业新闻"烹饪手册"制作而成，目的就是使消费者踊跃购买，公司文化已经与新闻文化真正地交锋、进而融合。真正意义上的新闻现在已经被市场改写，客观、公平、无虚饰、不空谈，这些曾被重视的新闻价值观被扔进市场的熔炉，重铸出来的是经公司策划可能畅销的新闻商品。这意味着孤傲、脱俗的新闻文化已经被哗众取宠的公司文化体制所取代。以前新闻室在演播前争论的焦点集中在什么是最重要的信息，而现在关心的则是"观众想听什么？他们想看什么样的节目"。为了在激烈的竞争中幸存下来，为了吸引观众，人们制作收视率取向的新闻去奉承、取悦观众，而不是去告知和启发观众。传播业媒体繁荣的背后是新闻原则遭受着商业逻辑的践踏，大众利益承载着市场规则的侵袭。

美国著名的报纸专栏评论家李普曼对有偿新闻深恶痛绝，他说："有无数例证，说明美国的电视公司与厂商相勾结，主要目的是为了推销广告而欺骗大众。这种欺骗行为，绝非仅仅牵连到张三或李四的问题，而是整个电视事业。电视为了吸引广大观众的注意借以推销广告利益外，根本没有竞争。结果，当一般人认为电视应当享受新闻自由的权利时，而它本身实际上已经成为商业的傀儡、奴仆与无耻的娼妓。"

有专家非常尖锐地指出：为了追求市场效果，现在广播电视对文艺生产、传播和接受过程的作秀炫示，远甚于对艺术成果、艺术质量的科学评断。广播电视在文娱报道中走马灯似地导演了各式各样的热点、冰点、亮点、黑点、晦点、黄点、拐点，组织了庞大的娱乐"哄客"群体。他们制造偶像，又以"呕像"取代偶像，以"愚乐"取代娱乐。一切都为的是吸引眼球，以带来丰厚的广告效应和经济回报。

○人们对广播电视的依赖

人们通过自己的感官去感觉周围的世界，感觉过去的世界，感觉未来的世界。这种感觉有时是直接的，人们通过真实的所见和所听去切实地感觉周围现实的世界；有时是间接的，人们通过文字，通过图像，去感觉自己未知的世界。

在当今时代，人们的这种间接的感觉，很多是通过广播电视实现的。从这个意义上说，广播电视的发展，伴随着人们感觉的延伸，同时又在左右着人们感觉的方式和深度。

广播电视的发展，伴随着人们感觉的延伸，同时又在左右着人们感觉的方式和深度。

广播电视让人们开阔了眼界，感觉到了更大的世界，但同时广播电视让人们有着越来越多的对它的依赖性。有大量的数据表明，人们越来越离不开广播电视，人类生活时间大量留存在广播电视世界中，人们在一天的生活中，与广播电视相处的时间甚至超过了睡觉的时间。

广播电视对文化、公众和社会发展有着越来越大的影响力和约束力，以至于被美国的未来学专家托夫勒称之为"颠覆性媒体"。

人们越来越依赖电视，越来越沉迷于它制造的缤纷虚拟的世界，越来越满足于不假思索地接受外来直观的信息，越来越习惯于从图像中获取信息，这成了"读图时代"的大众习惯。

人对广播电视的过度依赖，会使人们对世界感觉失去原有真实性，形成一种特殊的荧屏网络时代的人机关系，会使有些人患上一种对心理和生活习惯产生极大影响的"媒体综合征"。杰弗里·莫里茨是美国大学电视台的总裁，他用"荧屏人"一词来描述在电视里泡大的一代。这些"荧屏人"，观看了数千小时的电视，无形中吸取了"电视思维方式"。

> 人对广播电视的过度依赖，会使人们对世界感觉失去原有真实性，会形成一种特殊的荧屏网络时代的人机关系，会使有些人患上一种对心理和生活习惯产生极大影响的"媒体综合征"。

这种依赖，导致了人类感知的"媒体认同"现象。有许多专家看到这一点，他们指出：人类感知的文化价值坐标由过去的政治认同、社会认同、群体认同，已经大幅度转向媒体认同、眼球认同、市场认同。

电视技术的兴起极大地改变了传统印刷时代的文化心理。图像开始以其直观、逼真的视觉冲击力影响人们的认知，影像的重要性逐步增加。人们越来越多地通过镜头来观察社会，一个视觉主导的社会已然形成。

这种视觉主导，影响了人们的价值判断。就当今的政治现状而言，许多人认为，政治领导个人比政党的差别更重要。他们常常是"喜欢"奥巴马或莎拉·佩林，而不是认真思考他们所代表政党的纲领差异。其结果，正如雅克·埃吕尔曾批评的，最终可能是政治主张降格为纲领，纲领降格为口号，口号降格为图画即"直接的反射刺激形象"。

广播电视使人们感觉世界的方式发生了重大变化，人们的感觉的空间变大了，感觉的节奏变快了，感觉的深度变浅了，感觉的整体变碎了。通过广播电视感觉世界，人们调用更多的是五官，而不是心灵。人们缺少了静思、深沉和回味，而更多的是激动、刺激和娱乐。正如马克斯·皮卡德在《沉默的世界》（1948 年）中所批判的那样，不间断的声音和音乐伴奏，减少了人们的孤独感以及内省的机会。波德里亚强调，媒体让我们看到的世界以牺牲世界的丰富性为代价。人成为媒体的附属或媒体的延伸。媒体将人内化，使人只能如此看，如此听，如此想。

通过广播电视感觉世界，人们调用更多的是五官，而不是心灵。人们缺少了静思、深沉和回味，而更多的是激动、刺激和娱乐。

电视文化带给人们的这种过分的视觉依赖会导致人们的认知偏差，因为有许多无形的知识不是用"眼"而是用"心"去领会的。我们不能仅限于视觉的刺激，更要注意视觉的联想，眼与心相通。我们要从视觉影像这个点去联系和捕捉深层的文化内涵和心灵感受。

许多无形的知识不是用"眼"而是用"心"去领会的。我们不能仅限于视觉的刺激，更要注意视觉的联想，眼与心相通。我们要从视觉影像这个点去联系和捕捉深层的文化内涵和心灵感受。

由于人们对广播电视长期的依赖，在一定程度上导致了人类社会精神生态的失衡，影响了人们思维的深度。人们对世界感觉日益浮躁，对事物的感知能力日渐萎缩。人们通过广播电视自认为更多感知世界的同时，却很难发现世界的灵性，很难与世界进行心灵对话，这是因为，我们通过广播电视，很难产生诸如唐诗、宋词那样的灵感。

在这种情况下，文化的生态环境、文化门类之间的平衡、艺术创作的过程、艺术家的精神空间发生了改变；文化传播环境、文化

传播手段、文化传播机制、文化传播产业的运作发生了改变；文化
接受环境，受众的数量、爱好、消费能力和忠诚程度发生了改变。

广播电视在带给人们娱乐的时候也在无形地改变着人们的生活
方式。人们在享用广播电视的时候，自己也正在慢慢地被广播电视
所异化。正如有的专家所说，人们成为媒体的隶属品——终端接收
器，接收储存了很多信息，而却无法处理（因此，我们需要建立一
个平台为它们进行处理，市场有这种需求），因为人脑已被这些信息
塞得满满的，人从思想的动物退化成为储存信息的动物，并因超负
荷的信息堵塞而导致信息膨胀焦虑症和信息紊乱综合征。

在三网融合的过程中，广播电视与互联网有着越来越密切的联
系。互联网所反映的人类感觉方面的特征，也很大程度上也反映了
广播电视的人类感觉的特征。关于这个问题，在《三联生活周刊》
2011 年第 52 期中有这样一段话：不管互联网设计得如何人性化，不
管今天的网络交流变得如何真实化，它都无法达到人与人之间交流
的最基本要求：表情、眼神、语气、动作必须同在。书信、电话的
出现已经让交流打了折扣，互联网的交流在此基础上又打了一次粉
碎性骨折，它形成了新的语言交流障碍。虽然叫互动，但都按照自
己的逻辑（甚至没有逻辑）往下推进。"粉丝"不管跟谁交流，都
像是两个听力极差的人在声嘶力竭地呐喊。

人们感觉世界，真正追求的是什么？是真实，因为人只有在真
实中才是最快乐的。人们渴望接触真实，并且是用真实的方式去接
触真实。这种所谓"真实的方式"，与本体的"能量"有关。现代
广播电视的科技发展，使我们的感觉能量增强，使人们能够更加接
近真实，但是又有可能远离真实——这涉及一个"工具理性"的理

论问题，我们在下面将讨论这个问题。

人类进入了并且正在超越着广播电视时代。广播电视是信息时代的高级形态，它是信息的第一解读人，是价值的最终认定者。广播电视具有主动的操控性，它能够引导市场和消费理念，这就是它在现代经济领域中的地位。广播电视掌握着无形的权力，是"无冕之王"。广播电视能够让人们即时共享信息，广播电视能够让人们真实地参与和体验社会，广播电视为人们搭建了一个狂欢的娱乐平台。在当今时代，没有进入广播电视的人将被无情地边缘化，但进入广播电视的人也将被无情地异化。

> 在当今时代，没有进入广播电视的人将被无情地边缘化，但进入广播电视的人也将被无情地异化。

人不是广播电视的奴隶而是它的主人。我们应当思考并找回这种主人的感觉。

找到世界感觉

————通过广播电视找到世界感觉

追求快乐／形象化／个性化／互动性／快节奏／碎片化／大众化／后现代／"后现代主义"表现特征及其形成根源／关于"恶搞"／生活化的审美／虚拟／体验／工具理性／孤独

人有自身的感觉，世界也有世界感觉。这种感觉，是一种人类共有的感觉，是一种人类适应于时代的感觉，是一种能够达到"天人合一"境界的舒适快乐的感觉。这种感觉常常通过每个人与周围社会的共鸣点和共振点表现出来。

人有自身的感觉，世界也有世界感觉。这种感觉，是一种人类共有的感觉，是一种人类适应于时代的感觉，是一种能够达到"天人合一"境界的舒适快乐的感觉。这种感觉常常通过每个人与周围社会的共鸣点和共振点表现出来。

当今世界感觉，与广播电视有着密切的联系，有许多感觉是由于广播电视的影响而形成的，有许多感觉是要通过广播电视才能得到的。所以，我们要紧紧扣住广播电视这个环节，去发现当今世界感觉是什么，去探索得到这些感觉的路径。

就人们追求的深层目标而言，感觉世界不是目的，找到世界感觉才是目的，只有找到世界感觉，只有使自身的感觉与这种世界感觉合拍、共振，你才是最快乐的。

> 只有找到世界感觉，只有使自身的感觉与这种世界感觉合拍、共振，你才是最快乐的。

找到世界感觉，要善于与世界进行密切沟通，要善于找到与世界进行密切沟通的频率，因为，人们的感觉与世界感觉只有在这个频率才能引起共振、共鸣。"频率"是一个广播电视的专用术语，这其中就说明了广播电视在找到世界感觉这个环节上的独特作用。

关于这个"频率"一词的含义，我想用读过的一本书来解释。这本书的书名叫《悬崖边的贵族》，是蒋介石的后代蒋友柏写的。蒋友柏找到了一个能够挽救他的橙果公司的贵人Jimmy，这个贵人很聪明，用一种"频率"的手段，将艺术与市场巧妙联结起来。对此，书中是这样描写的：Jimmy首先着手把迈克杨的"伦敦式"与蒋友柏"纽约式"的艺术和创意形象化，用一种条列式的管理语言表达出来。他好像是一个艺术和创意翻译器一样，把大师的艺术和创意的语言翻译成客户听得懂的句子。另一方面，他也把客户的要求翻译成设计大师愿意接受的频率，再适时地播放给他听。

下面，我们顺着广播电视的线索，按照广播电视为我们提供的"频率"，去捕捉当今世界感觉究竟是什么？

○ 追求快乐

"追求快乐"，是当今世界的一个突出的感觉。

现代高强度和快节奏的工作方式和生活方式，使得人们越来越注重休闲和娱乐，人类与生俱来的那种快乐的本性和缓解压力的需求表现得越来越明显。有越来越多的人在"忙里偷闲"，他们喜欢在闲暇的时候做一些能使心情愉悦的事情。

一些研究人们社会生活的专家注意到，由于工作或生活等各方面的原因，当代人的情感受到压抑，甚至在某种程度上出现情感的危机，或者说"已经酿成了某种文化危机"。这些专家认为，在今天这个工作和居家的界限越来越模糊的时代里，人的情感需要倾诉，需要宣泄，需要娱乐。

当人们的物质需求得到一定满足的时候，人们的生活方式和消费方式就会发生变化。拥有了车子和房子的人们，更多地要满足自己精神层面的需求。当今时代，是一个人们渴望更好感觉的时代，是一个人们希望活得更轻松、更快乐的时代。

在物质文明高度发达的今天，或许是人们精神生活的提升，或许是人们对过大的生活压力的反抗，人们在忘我地追求着快乐。追求快乐，是当今时代的一个突出的文化现象，并在社会上形成了一种与以往大不相同的文化形态。

> 在物质文明高度发达的今天，或许是人们精神生活的提升，或许是人们对过大的生活压力的反抗，人们在忘我地追求着快乐。追求快乐，是当今时代的一个突出的文化现象，并在社会上形成了一种与以往大不相同的文化形态。

人们追求快乐，需要拥有一个理想的平台，而广播电视就是满足人们情感宣泄和追求快乐的理想平台，并且广播电视将人们追求快乐的本能激发到了一个前所未有的高度。

广播电视利用现代化的传播手段，搭建进入千家万户的视听平台，给人们带去了更多的精神快乐。与此同时，在人们渴望快乐的需求引导下，广播电视也更加强化其娱乐化的特色。对此，美国娱乐广播电视业顾问迈克尔·沃尔夫专门写了《娱乐经济——广播电视力量优化生活》一书。

有大量的事实可以表明，当代人的大部分娱乐活动是由广播电视制作和传播的。这类娱乐活动，不像传统意义上的娱乐活动（如体育、游戏、艺术欣赏）那样，需要场地、器材、体力、资金等方面的保障。就广大民众而言，广播电视的娱乐活动，依赖的物质条件较少、花费不大，并且内容丰富、形式多样、可选择性强。

另外，广播电视的娱乐活动与传统娱乐活动不同之处，还表现在它的"间接性"上。这种"间接性"是通过信息完成的，突出表现为广播电视的信息运作过程和结果。所以，有专家认为，传统的娱乐活动是物质的、直接的作用于感官的娱乐活动，而通过广播电视进行的娱乐活动是信息化的娱乐活动，或者干脆可以称为"信息娱乐"。

　　面对现在"三网融合"的大趋势，专家们认为，信息与娱乐的二元分割已经结束。"粉丝部落"给社会的其他部落制造着信息，也带来娱乐，他们生活在网络部落当中，并且乐此不疲，他们还不断地改变着传统的关系和结构，他们对自己身份的求索还远没有找到最终的答案。

　　可以说，人们追求快乐，大多是在广播电视这个平台上进行的，是在广播电视这个渠道获得的。在人们追求快乐方面，广播电视有着不可替代的功能和作用。追求快乐，是现代文化形态赋予广播电视文化的一种特征，同时也是广播电视文化促成的现代文化形态的一种特征。

> 　　追求快乐，是现代文化形态赋予广播电视文化的一种特征，同时也是广播电视文化促成的现代文化形态的一种特征。

　　广播电视不断给人们带来更多的快乐，同时，人们也给广播电视不断提出更高的快乐要求。一个受到广大受众喜爱的广播电视节目，它必定有着某种独特的快乐元素或快乐形式。

> 　　一个受到广大受众喜爱的广播电视节目，它必定有着某种独特的快乐元素或快乐形式。

人们应当追求快乐，广播电视应当为人们提供大量的娱乐节目，但这种娱乐节目是健康的，是适度的，如果过度追求娱乐，低俗地追求娱乐，这种娱乐节目就是一种对社会有害的垃圾文化。正如有的专家所说，人类基于理性和正义的宗教情怀之上的那些本该致力于社会变革的力量，在这些愉悦人们感官的垃圾文化中被消解掉了。

○ 形象化

现代社会，人们需要更加简单和直观的方式去感觉世界，在广播电视和更多新兴媒体的作用下，人们能够更多地得到更加形象的世界感觉。这些形象的感觉，更能够直达人们的内心体验的深处，更能够引发人们的快乐共鸣。

> 在广播电视和更多新兴媒体的作用下，人们能够更多地得到更加形象的世界感觉。这些形象的感觉，更能够直达人们的内心体验的深处，更能够引发人们的快乐共鸣。

专家们注意到，新的社会形态和经济形态，不仅与专业化的知识和技能密切相连，甚至与大众文化和正在增长的"形象"的市场有关。这个市场正在繁荣发展，表演业与政治、闲暇与工作、新闻与娱乐之间的旧有界限正在变化。我们面临的常常是支离破碎的、万花筒般的"形象爆炸"。

布隆伯格新闻社，是一家从事提供多媒体信息的美国企业。它有自身的终端设备和固定的消费群体，它提供的信息主要集中在金融信息和新闻方面。长期以来，这家公司与道·琼斯公司和路透社进行激烈竞争，越战越强，在世界91个国家拥有上千万用户，价值10亿美元。这家新闻社的经营之道与众不同，不是简单的提供文字信息，而是在提供的文字信息之后再配上由计算机专门制作的图表，而这些形象的图表由新闻社专门给用户提供的终端设备显示。

现在有一句流行的说法，叫"编故事"。无论在政治界，还是在商界，那些高手们善于把自己的观点和意图隐含在一个个生动的故事里面，用各种生动形象的形式将其无形地推销给他们锁定的目标对象。这是一种典型的"形象叙事"方式，这种方式的使用者明白自己如何去适应这种"形象"的世界感觉，同时，他们又将进一步强化这种"形象"的世界感觉。

> 这是一种典型的"形象叙事"方式，这种方式的使用者明白自己如何去适应这种"形象"的世界感觉，同时，他们又将进一步强化这种"形象"的世界感觉。

关于"故事"，《三联生活周刊》对美国《故事》一书的作者有过采访。作者麦基说："作为艺术形式的叙事是整个人类生存的装备，是人类从生活中获得意义的方式。人类最初与环境斗争，并且理解这种斗争，积累经验，这一切最初都要从故事讲述中开始，同时这也是人类情感原始运作方式，每个人的头脑都会不由自主地把生活里的事情编成属于自己的故事，这是全人类对待和表述现实世界的方式。"他强调："故事是一种全球性的艺术形式，它的形式几乎是和我们的大脑一起演进的，故事的根本形式是通用和永恒的。"

> 故事是一种全球性的艺术形式，它的形式几乎是和我们的大脑一起演进的，故事的根本形式是通用和永恒的。

麦基还谈到东方与西方国家在讲故事方面的差异："比如亚洲作者经常会花大量时间使自己的故事在某些感觉经验传递中给观众冥想般的氛围，因此他们舍得花时间去做停顿，等待那种深层次的真相或者情绪慢慢累加，往往比那些强调一个情节点到另一个情节点不断快速前进的西方作者有更多的耐心，这样的例子很多。东方作者运用了惊人的耐心，巧妙控制了故事的节奏，写出了非常富有禅意的作品。"（《三联生活周刊》2011 年第 42 期）

现在也有一种叫做"I 世界"的概念。这个所谓的"I 世界"是一种充满着强烈形象感觉的时尚的世界。有专家指出："I 世界"与在现实世界相类似的是，所需要的是拿出故事来，把它讲得动听，用光亮、喧嚣和魅力将它加以装点，用恰到好处的营销运作把信息发送出去，把观众吸引过来。在这里，制胜秘密主要不是那些金融的或技术的，而是那些天赋的形象创造，并将这些形象创造生动自然地展现在网络上、电影屏幕上或音乐舞台上。

影视化的叙事，就是一种形象化的叙事。

当今"偶像崇拜"的追星现象，也是一种形象化的表现。

所谓"形象创造"，就是把理念和信息附加到形象上、故事中，从而形成了一种新的文化消费和传播方式，形成了一种突出形象特征的世界感觉。这种感觉可以使人们在轻松快乐当中获得知识，使人们通过一种超越"言传"的"意会"方式去感觉世界。

没有形象，就没有生命，没有活力，没有灵动。在当今世界，我们需要找到"形象感觉"，与此同时，我们也应当学会"感觉形象"。

> 没有形象，就没有生命，没有活力，没有灵动。在当今世界，我们需要找到"形象感觉"，与此同时，我们也应当学会"感觉形象"。

过去，我们经常讲"深入浅出"，现在，我们还要讲"深入形出"。

> 过去，我们经常讲"深入浅出"，现在，我们还要讲"深入形出"。

○ 个性化

新一代广播电视受众正在崛起，这些新一代的广播电视受众有着张扬的个性特征。他们改变着"你播我看"的传统视听模式，实现充分的自主文化个性。他们追求的是在自己方便的时间里，用自己喜欢的方式，获得自己想要的视听内容。我们注意到一种"MyTV"（我的电视）的新提法，这就是一种非常典型的强调个性化的受众自主的电视形态。

广播电视的受众强调自我主体的放大，强调接受主体的主动性。他们更倾向于对信息实行自主的选择、加工和改造，而非像以前那样被动接受传统媒体的信息套餐。在这种情况下，传统媒体的中心地位受到了挑战，与传统媒体相适应的以"聚"为特征的受众群体，正在向以现代媒体相适应的以"分"为特征的受众群体演变。传统媒体的"大众化"传播在今后的"三网融合"过程中将趋向于"小众化"甚至是"个人化"。

广播电视的受众追求个性，追求自己在社会中的中心位置，强调个性化，强调自我实现，强调一种随心所欲的心态。这些人的思维是网络链接跳跃式的，是个性独立张扬的。由此，形成了一种新的文化现象，形成了一种新的"个性化"的世界感觉。

这种世界感觉，突出表现出"反对权威"、"推崇平民的偶像"等倾向，像我们谈到的"超女"，就是这种人们推崇的平民偶像。

这种"个性化"，需要从人类社会发展的历史过程中，从社会经济和文化的大背景下去认识。在专家们看来，人类生存状态正在进入到"自我实现"的更高发展阶段，这取决于现代经济能力能够普遍地、大规模地满足马斯洛所说的人类自我实现这一最高需求层次，取决于现代经济的分工、供需和交换正在发生深刻的改变。在现实和未来的社会背景下，广播电视以及网络媒体，将在一定程度上不再简单提供精神产品，而成为舞台提供者。在他们精心制作的舞台上，消费者开始尝试进行自我的、个性化的表演。

> 在现实和未来的社会背景下，广播电视以及网络媒体，将在一定程度上不再简单提供精神产品，而成为舞台提供者。在他们精心制作的舞台上，消费者开始尝试进行自我的、个性化的表演。

　　"个性化"在现代交际的网络中形成了"个性化的交往"，让世界的组织和传播网络具有更多的生命的体征，让整个世界有着越来越"湿"的感觉。

　　"个性化"与现代经济和文化的"体验性"有着十分密切的联系。在现代媒体的平台上，人们不再是简单的劳动付出，而是获得自我表现和创造体验的机会，如"网页制作"。所谓"自我"，只有当自我从事"自我"塑型时才存在，才有意义。哈贝马斯认为：自我通过"表演"获得自我意识。一张照片、一片汪洋、一间祈祷室，任何引发我们感慨的物品都可作为表演的舞台。通过表演，我们洞察自己的灵魂（获得认识自我的知识）。体验经济和文化模式将不再使提供者与接受者截然分开，体验过程既是制作的过程同时又是享受的过程，人们既是提供者又是接受者，人们在共性的交往中体现着个性。

> 体验经济和文化模式将不再使提供者与接受者截然分开，体验过程既是制作的过程同时又是享受的过程，人们既是提供者又是接受者，人们在共性的交往中体现着个性。

专家们指出，过去用一个创意打动全球，这是创意人的最高理想，今天这种创意几乎失去踪迹。重新聚合，如同一个变幻的魔方，不同嗜好、不同背景、不同的文化形成的新的族群，一个创意对于某个族群是感动的，对于另外一个族群来说很可能就是厌恶。现代传媒，没有必要感动一片，只要感动一点。

专家们还指出，以往信息传播，考虑最多的就是饱和式的"轰炸"，大量覆盖导致大规模接触，然而在受众越来越分散的情况下，覆盖将成为问题，灵活机动的狙击、吸引和黏着将成为新的传播影响力的手段。

在大众娱乐的时代，人们在享受着大众化的公共精神产品的时候，同时也在向着个性化的方向发展，要求更多的更适合自己的影视节目，这预示着广播电视节目的市场朝着细分化的要求发展，同时这种细分要求更高的专业化的标准。

说到"专业化"，要说到影视的"专业频道"。专业频道的价值和特点表现在某一特定领域里，它比别人更具有一种个性的特质，具有别人难以效仿的与众不同的深度和层次。它的目标应该是做"精品店"而不是"路边摊"。

个性化需要和依赖广播电视的专业性指导。《娱乐经济》一书的作者看到了这种现象，他说：各个闲暇时刻的价值都在上涨，由此消费者必须高质量地花出自己的时间。如今是个有众多的吸引力之源在抢夺我们有限注意力的时代，谁又有足够的时间把所有的电影去搜罗一遍，把所有的度假中心都去上一趟，把所有的饭店都光顾一遭？因此，人们习惯寻求来自媒体专业的信息源和指导，以便在有限的时间里使自己个性化的需求和享受得到最大程度的实现。

○ 互动性

人们追求个性，强调自我，但绝不是自我封闭。人们追求个性的同时，渴望与他人接触，与社会接触。人们需要一种能够展示个性的共性平台，人们要求零距离的接触——尤其在现在居住条件改变，人与人之间有形距离拉大的情况下，人们要让社会感觉到他的存在，因此，人们有着强烈的参与冲动和欲望。

> 人们需要一种能够展示个性的共性平台，人们要求零距离的接触——尤其在现在居住条件改变，人与人之间有形距离拉大的情况下，人们要让社会感觉到他的存在，因此，人们有着强烈的参与冲动和欲望。

这种参与的欲望，表现出人们更加向往与他人一起实现共同的梦想。"超女"是表现人们这种参与欲望的典型案例，这个节目让人们一起去追求和实现自己的梦想。每个人都有一个梦想，如果有机会，许多人愿意和他人一起共同、互动地展示这个梦想。

这种参与的欲望，表现出人们越来越强烈地与他人共享、分享的感情的倾向。人们通过现代网络手段，把自己的形象和感受展示给社会。"博客"就是现代人们展示自己的一种新颖的形式。"博客"作为一种与他人分享的网络日记，正在吸引更多的人群加入其中。

现代高科技的传播手段，让人们通过参与更加真实地感知自我存在，会让人们更好更快地实现这种冲动和欲望。

当今电视演播室，为了让人们获得更加真实的参与感受，尽可能让现场观众由原来"坐着"改变为现在"站着"，由原来不说话的安静状态，改变为现在高举偶像的照片和标语，大声呐喊，尽情流泪。

现代传媒的"互动性"极大地满足和调动了受众的"参与性"。大量的年轻人之所以积极参与湖南电视台的"超女"，其原因是他们觉得：这个娱乐活动具有很强的互动性，不是拿着遥控器"碰巧"看到，而是在"我的频道"为我做的一个活动。

我们在肯定"互动性"积极一面的同时，也需要对其消极的一面保持清醒的认识。有专家认为，一直以来，网络传播的互动性被誉为网络媒体的独特优势，但互动性的消极因素被忽略了。在特定话语环境中互动性会促使游戏心态的增加，从而消解了传统大众媒体所具有的庄重性和权威性。一些网民希望网络媒体能成为他们逃离现实、宣泄个人情绪、尽情撒野的游乐场。

○ 快节奏

当今世界，"快节奏"是一种非常明显的感觉。人们工作节奏加快、人们生活节奏加快、社会变化节奏加快，很多时尚的东西，人们还来不及认真品味，很快就"OUT"了。

人们的兴趣转移也随之加快，作为物质和文化产品的供应者，为了适应这种情况，也同时为了摆脱模仿者，加快了产品更新速度，缩短了产品更新周期，出现了令人目不暇接、眼花缭乱的现象。人们兴趣加快转移，与广播电视的影响有很大关系，许多物质和文化产品的供应者，通过媒体主动引导消费者的兴趣转移。适应和引导需求者的兴趣快速转移，成为现代经济和社会的发展的主要特征之一，突出体现在供应者要将新产品、新服务在最短时间奠定主流市场的地位上。我们可以将其概括为：快速适应需求，快速主导需求。

> 适应和引导需求者的兴趣快速转移，成为现代经济和社会的发展的主要特征之一，突出体现在供应者要将新产品、新服务在最短时间奠定主流市场的地位上。我们可以将其概括为：快速适应需求，快速主导需求。

由于现代经济和社会的快节奏，时间的因素将在人们的生活中表现得更为突出。无论在哪个领域，人们似乎都在推崇着这样一个竞争的法则：不是第一好，而是第一快。

> 人们似乎都在推崇着这样一个竞争的法则：不是第一好，而是第一快。

这种"快节奏"反映在人们感知世界的共时性上。随着广播电视和新媒体的发展，世界的信息会在第一时间到达受众。当今世界，媒体的优势更多地体现在快速反应信息的优势上。新闻，已经不是传统意义上的那种对发生过的人和事的报道，而是对正在发生的人和事的报道。现在的新闻报道，是一种实时的、同步的、行进式的报道。现在的世界范围的信息传递，突出了一个"快"字。

美国国会大厦旁边蹲守的广播电视现场采访车

○ 碎片化

我们应当注意到这样一种"碎片化"的娱乐现象：在现时代，人们在进行快节奏的生活和快节奏的工作的同时，也在快节奏地进行娱乐，"忙里偷闲"地寻求那些短暂的、"零碎"的快乐。有资料称，人们日益将快乐浓缩成很小的一点，无论是短暂的假期还是片刻的互联网驻足。

对于受众而言，广播电视由于受到物质条件约束相对较少，具有其特殊的"伴随性"和"选择性"的功能，能够让人们在"碎片化"的时间里，得到更加充分的娱乐享受。

人们的时间是有限的，人们的工作和生活节奏非常快。现代快节奏、高强度的生活和工作方式，要求提供更多的有独特刺激的能够使人们释放情感的精神快餐。人们需要那些质量很高的"短、平、快"的精神产品（我们也称其为"碎片化"的精神产品）。美国MTV的创始人皮特曼给人们提供的就是这种产品，并且大获成功。他将节目切分成小块，其中的广告也是一闪而过，并且这些小块的节目也充满了对传统文化叛逆的心态。这种形式的MTV节目，得到了那些追求青春品味的激情十足的群体的热烈推崇。另外，皮特曼设计"六旗帜"主题公园时也采用了这种手法。这些公园精致小巧，遍布各地，融入于人们度假的"快餐"业务之中，形成了更多、更小、更快、更便宜的迷你型假日产品。

在这个时代，视频与音频内容将成为下一代互联网信息服务与交流应用的主体之一，网络媒体将成为主流媒体的中性传播平台，成为互动式数字化复合媒体。默多克认为，视频短片将成为在线新闻的重要组成部分。

"碎片化"反映了一种新的文化形态：既要有大人物，大制作，也要有小人物，小制作。小人物和小制作并不一定就是小回报，有可能会得到大回报。电影《疯狂的石头》的导演宁浩说：良性的电影市场，大中小成本的电影都需要。这就如同一个城市不可能只有大饭店一样，人们也需要街头大排档。

深入思考这种"碎片化"，还要把握两个关键词，第一是"伴随性"，这要求受众一心多用，在分散关注之中形成瞬间的集中关注。第二是"即时性"，同步传递，共时感受，摆脱体系化整体性的思维框架，寻找即时的灵感。现代传播的即时性，使文艺对心灵美学的重视，转向倚重眼睛和耳朵、美感和快感。

从传播学上来看，"碎片化"属于电子信息运动的瞬时性质，这种性质与上面所谈到的"个性化"有着密切的联系，正如传播专家麦克卢汉所说：电子信息运动的瞬时性质不是放大人类大家庭，而是非集中化，使之进入多样性部落生存的新型状态之中。

"碎片化"的形成，来自大众普遍参与到媒体内容的制作与传播，来自现代传播障碍在一定程度的消除和传播成本的降低，来自社会上普遍的"业余"对传统"职业"的挑战。有人谈到，一个人拥有一台照相机或电脑键盘就成了一个人的非营利机构，自我出版也变得稀松平常。在传媒领域，大规模的业余化正在打破职业类别的界限，从而形成了大规模的业余的"碎片化"内容泛滥，并大量体现在我们现在常说的"自媒体"现象之中。

> "碎片化"的形成，来自大众普遍参与到媒体内容的制作与传播，来自现代传播障碍在一定程度的消除和传播成本的降低，来自社会上普遍的"业余"对传统"职业"的挑战。

事物总是对立统一的，当一个方面形成扩大的时候，它的对立面也在相应形成。大规模的业余性的"碎片化"内容，恰恰需要权威性的专业性"集中化"的集成。在"碎片化"的时代，专业化的"碎片整理者"将会崭露头角，大显身手。

> 在"碎片化"的时代，专业化的"碎片整理者"将会崭露头角，大显身手。

○ 大众化

现在的文化，是一种大众文化；现在的感觉，是一种大众感觉。有人把这种文化称作"草根文化"，把这种感觉称作为"草根感觉"。

这种现象，与广播电视有着密切关系，因为广播电视是一种典型的大众传播，广播电视在电子载体上塑造了一种新型的大众文化，而这种大众文化和"草根感觉"又反过来深刻地影响着广播电视的变革。

当今世界，没有与广播电视结合的社会文化，只能是少数人的欣赏品，只有与广播电视结合，才能真正成为被大众承认的社会文化。由于广播电视和新媒体技术的发展，许多以往深锁在大雅之堂的文化知识，正在向大众化方向拓展。例如，维基百科（Wikipedia.com）就是一种知识大众化性质的由用户贡献内容的网上百科全书，也被称作是"人民的百科全书"。"Wiki"在夏威夷语中是"快"的意思。2005 年底，维基百科每个月的页面浏览次数达到 26 万亿次。它成为网上访问次数最多的参考类网站之一。类似的网站还有 Dictionary.com。

专家们普遍认为，现代广播电视的自娱、互动功能和文化市场的选择功能，使大众能以前所未有的广泛深刻程度参与进来。大众以广播电视市场和文化市场主体的身份，拥有了对文化更大的发言权和取舍权，而现在的文化产品，也会更主动、更自觉地贴近大众，服务大众，以适应大众和市场的选择。

广播电视和新媒体技术突出了现代文化的"大众化"感觉，同时又将"大众化"的价值标准和评判体系加入到现代文化培育过程之中，使"现代文化"在很大程度上与"大众文化"等同起来。

广播电视和新媒体技术突出了现代文化的"大众化"感觉，同时又将"大众化"的价值标准和评判体系加入到现代文化培育过程之中，使"现代文化"在很大程度上与"大众文化"等同起来。

广播电视"大众化"的原因和现象大致表现在以下几个方面。

生产者和参与者急剧增加。广播电视的门槛很高，存在技术性很强的专业壁垒。今天，随着与广播电视相关的技术的发展和普及，广播电视的进入门槛降低了，有更多人能够进入到广播电视的内容制作或参与到广播电视的节目之中。随着大众参与，广播电视的内容总量增多，原有"内容稀缺"、"内容垄断"的状况有所改变，大量的"草根"内容涌现，并对传统内容生产形成挑战。

传播渠道拓宽。以前的传播渠道极其稀缺，而现在的传播渠道极大拓宽，并且形成文字、音频、视频等多元化渠道传播，而且传播的速度越来越快。大面积延伸的传播渠道必然会形成大面积的受众覆盖，多元化的传播也必然会产生多样化的大众文化消费模式。

随着物质生活水平提高，人们产生了更大的精神生活需求，需要更多的精神产品。人们的物质需求往往受制于更多的客观条件，而精神需求以及精神产品的提供，则有着更大的无形的空间。随着新的视听技术的发展和现代多样化的文化消费渠道的建立，广大受众的精神需求将被更加充分地激发出来，并改变着传统精神产品提供的结构与方式，牵引出更大的文化产业和文化市场。

有人把这种大众化的现象表述为"主体间性价值"。他们认为：

广播电视传播信息符号的过程不是在单一的主体和纯粹的客体之间完成的，而是在主体和主体之间完成的。它们居于不同的价值主体之间，是不同的主体之间价值活动联结的中介，是实现不同主体之间价值沟通和价值转换的重要桥梁和纽带，因而具有主体间性价值。这种主体间性衍生出广播电视传播和接受的主体性、交互性，以及传播主体和接受主体地位的二重性及可置换性。例如，在视听新媒体中随着 WebX.0 技术的不断升级和运用，信息源和传播主体愈益多元化，信息控制减弱，信息平权使得价值传播活动中强势主体的主导地位被消解，舆论领袖也不再由强势主体担当，不同主体对媒介拥有更多的选择和使用权。因而，在传播活动中，精英与草根的差别越来越模糊。

专家们清醒地看到，如果"主体间性价值"能够轻易获得，就会导致一种"弱关系"的泛化，"Facebook"的火爆就说明了这一点。这种大众化的联系和大众化的信息分享，使人们更容易获得"主体间性价值"，造成了人们之间的一种"弱关系"的出现。这种"弱关系"是一种没有真实深度和长久性的较为陌生的网络关系，而与这种关系相对应的"强关系"，是指有很强的情感因素维系着的人际关系。专家认为，一旦我们在"弱关系"上耗费了太多时间，对"强关系"的疏远几乎是不可避免的。

"明星效应"和"偶像崇拜"，以及在其周围形成的"粉丝"氛围，形成了当今大众文化的一个重要特征，这种特征在广播电视中表现得更为明显。有人说，大众文化是"群星闪烁"的世界，歌星、影星、舞星、丑星、笑星、电视明星等组成一个五彩缤纷的文化星空，构成大众文化的一道奇观。"明星"已经成为现代大众追求梦想的一种符号，成为大众广播电视和大众文化关注的焦点。"明星"的出现，是当代"符号消费"商业模式在文化领域的体现，是 20 世纪大众文化工业崛起的副产品。"明星"本身是一种名牌的商品，"明星"本身就意味着畅销。明星的名字和隐私，是当今大众文化需求追逐的一个热点，可以转化为巨大的商业利润，能给各种媒体带来滚滚财富。没有当今的大众文化，就不会有这些耀眼的"明星"，没有这些"明星"，也不会有现在这种轰动性的大众"粉丝"的追捧，也不会有今天这样变态的大众"追星"现象，而"明星"的包装，大多是在广播电视中完成的，这种"明星"与"大众粉丝"的互动催生，大多是在广播电视这个平台上进行的。面向大众的广播电视需要这些明星，而这些明星也同样需要广播电视。

从社会繁荣和发展的角度上看，大众文化有其积极和进步的一面，但从艺术发展的角度看，如果不注意正确的导向把握，大众文化也会有其消极和负面的影响。因此，我们必须注意到广播电视"大众化"所带来的一些问题。

从广播电视经营的角度上看，"大众化"与"市场化"有着某种一致性。在商业的语言中，对广播电视的经营有一种叫做"经营消费者"的说法。广告商将关注那些有着"大众人气"的广播电视经营者，这种"大众人气"大多通过"收视率"体现出来。这就出现了一个令人担忧的问题：广播电视为了市场效益而追求的"大众人气"会将大众引向哪里？为了市场，有些广播电视台利用一些极度的娱乐手法吸引大众，大量推出一些娱乐、消遣甚至庸俗趣味的内容。为了迎合市场，一些广播电视的内容刻意追求新异、时尚、作秀，导致浮躁和浅薄，对社会的精神文明建设产生负面影响。

20 世纪 60 年代末，英国《每日先驱报》经营陷入困境，更名为《太阳报》，后被默多克接手，开始走 3S（sports sex scandal，即体育、性、丑闻）路线，发行量飙升到 300 多万份。相比之下，《泰晤士报》的发行量仅为 70 万份。英国有一个笑话说：你要知道一个绅士在干什么，看《泰晤士报》；你要知道一个绅士在想什么，看《太阳报》。

记得一位电视台的领导这样说：电视作为声像兼备的传播媒介，其娱乐功能在近些年显现了强劲的扩张能力。电视媒体从未像今天这样提供给人们如此丰富多彩的娱乐内容选择，也从未像今天这样释放着巨大的产业能量。但是，当电视媒体将人们带入到"全民娱乐时代"的同时，也经历了前所未有的关于"社会责任"的考问，遭到来自方方面面的质疑和批评。事实上，对娱乐节目的把握驾驭能力很大程度上检验着媒体社会责任的担负能力。

广播电视为了能够经得起"社会责任"的考问，应当有一个正确的"大众化"的标准和态度。在这个方面，广播电视应当把社会责任放在市场功利之上，应当贴近大众、引导大众，而不是盲目地迎合大众。我们绝不能将自己的艺术标准和价值判断放在一般大众的水平上。我们广播电视的节目内容要来自大众，但其艺术标准和思想内涵要高于大众。

> 广播电视应当把社会责任放在市场功利之上，应当贴近大众、引导大众，而不是盲目地迎合大众。

> 我们绝不能将自己的艺术标准和价值判断放在一般大众的水平上。我们广播电视的节目内容要来自大众，但其艺术标准和思想内涵要高于大众。

为什么强调这一点，这是因为大众的艺术价值判断和学术评介标准并不能完全达到艺术和学术的专业要求，大众有大众的口味，艺术有艺术的特质，在一定的层面上，这两者并不是完全一致的。广播电视有超强的影响力，如果广播电视将其艺术和学术标准过度倾向于大众和市场，必然会在一定程度上降低甚至扭曲艺术和学术的专业标准，这对艺术和学术的健康发展是不利的。

《百家讲坛》是一个大众喜爱的电视栏目，它力求用一种电视语言表述一些深邃的学术道理。但这个栏目的受众定位让我吃惊，它的受众定位是中学生，是为具有中学生水平的受众定制的一个栏目。这样，对这些讲坛专家的学术水平的判断和评价，不是专家，而是大众——只要具有中学生水平的大众喜欢的人，就是专家。

我们并不是否认大众标准，大众有自己选择的权利，也有自己评价的尺度，但大众的标准，并不能替代专业的标准。可是，在广播电视权威性和强大传播力的影响下，大众的"专家"在学术地位上已经远远超过了专业的专家。在2010年11月23日《文摘报》中有一篇文章说：相形之下，很多坐冷板凳的优秀学者，学养品德甚至口才远高于文化名人，但他们不为俗名所惑所累，而是教书育人，相信润物细无声的身体力行。然而他们比较清贫，因为没有"显赫名声"，孔方兄自然不予垂顾。在此"文化品质"和"经济收入"的反差就形成了社会"悖理"。

我们并不是否认大众标准，大众有自己选择的权利，也有自己评价的尺度，但大众的标准，并不能替代专业的标准。

以霍克海默·阿多诺为代表的早期法兰克福学派对围绕广播电视所形成的大众文化进行了批判，这是一种精英主义的批判，是一种出自于传统的政治性广播电视认识观点的批判，主要集中在以下几个方面：第一，大众文化具有商品化的趋向的特征，在资本主义商品制度下，文化产品的生产和接受也纳入了根据市场价值规律进行交换的商品运行轨道，文化沦为商品。第二，大众文化生产具有标准化、统一化和同质化的特征，扼杀了艺术个性和人的精神创造力，并生产出一种同质的社会主体。第三，大众文化具有强制性的支配力量，剥夺了个人的自由选择，控制和规范着文化消费者的需要。

这种大众文化实质上是一种大众文化工业。这种大众文化工业是一个凭借现代科技手段大规模地复制、传播文化产品的娱乐工业体系。它通过大众传播渠道（如广播、电影、电视、报纸、杂志等）制造了大量非自发性的物化文化。这种物化文化，具有明显商品性质的标准化、单面性、操纵性、控制性的特征，压抑了人的主体意识，压抑了人的创造性和想象力的自由发挥，形成更大范围的工具理性。

在市场经济高度发达的时代，我们应当承认这种文化工业的存在，也应当承认这种工业化的大众文化的产品存在。我们应当将这种文化现象与我们传统的精英文化区别看待。不能简单地肯定精英文化，也不能简单地否定大众文化，存在有着它的合理性。

应当承认，大众文化有其积极的一面，但也有其消极的一面，尤其对精品艺术来说，大众文化的评价标准甚至有其负面的影响，也就是说，大众文化的价值追求在许多方面不利于精品艺术的发展。

法兰克福学派指出的现代大众文化中的"工具理性"的现象，应当关注，认真研究，避免它的负面影响。

关于广播电视"大众化"的问题，我们也应关注威廉姆斯和霍尔的英国文化学派观点。这一学派的观点是针对法兰克福学派。他们不同意法兰克福学派对大众媒体的否定。他们认为，广播电视不能仅仅被看成是消极和压制性的，同时也应被看成是重建现代主体的公共空间。他们对电视观众的研究从对"社会效果"的过分注重中转变过来，更加关注观众如何从电视文化中获得意义。

威廉姆斯对"文化"有新的认识，并从这种新的认识出发，思考现代广播电视及其影响。他不是把文化单纯看成是现实反映的观念形态的东西，而是看成构成和改变现实的主要方式，在构造物质世界的过程中起着能动的作用。他认为，文化是一个完整的过程，是对某一特定生活方式的描述，文化的意义和价值不仅在艺术和知识过程中得到表述，同样也体现在机构和日常行为中。在他看来，离开了决定电视发展的社会物质关系而单独研究传播"效果"和"科学"是注定要失败的。

> 文化是一个完整的过程，是对某一特定生活方式的描述，文化的意义和价值不仅在艺术和知识过程中得到表述，同样也体现在机构和日常行为中。

在思考广播电视"大众化"问题的时候，我们应当关注社会文化传播中的"瓦釜效应"。专家们提出了一个"黄钟毁弃，瓦釜雷鸣"的观点，他们认为：在我们今天的大众广播电视上，更有意义的新闻角色大多默默无闻，更无意义或更有负面意义的新闻角度则易于煊赫一时，黄钟奈何毁弃，瓦釜居然雷鸣，其间，有"黄钟"的原因，有"瓦釜"的原因，更多地则基于广播电视的传播特性。当"瓦釜"越发草莽、越发肤浅、越发无知无畏、越发偏执、越发无所顾忌时，它们的"反常性"和"娱乐性"便会受到媒体最多的注目。与此同时，缺乏新闻理念的媒体出于市场价值的考虑，就会将自己的关注度与受众的好奇心简单联系起来，从而使得"瓦釜"在媒体话语中成功地主流化。"黄钟"则不然，它们不会为博取出位而取悦媒体，更不会为娱乐大众而罔顾理性与尊严，于是，在以"注意力"为唯一信条的媒体那里，它们便日渐"自我边缘化"了。

○后现代

当今的世界感觉，是一种"后现代"的感觉。

从哲学的层面上看，这里所说的"后现代"，不是指"时代"意义上的一个历史时期，而应该是指一种文化形态和思维方式。这种文化形态和思维方式，以强调"否定"、"去中心"、"破坏性"、"反正统"、"不确定性"、"非连续性"、"拼贴"、"复制"、"解构"、"调侃"、"恶搞"为特征，这些特征，恰恰与现代主义强调的"肯定"、"中心"、"连续"和"同一"的特征完全相反。

概括地说，"后现代主义"是运用高新技术的"随心所欲"加上"现代幽默"。

> "后现代主义"是运用高新技术的"随心所欲"加上"现代幽默"。

在现代"新新人类"的生活方式中，我们能够发现大量的"后现代主义"的文化现象。一些现代的年轻人喜欢恶作剧，喜欢扭曲那些呆板的东西，喜欢向所谓的权威和真理挑战。

"后现代主义"对广播电视领域的影响极大，它作为一种现时流行的文化形态，主要反映在广播电视内容制作和受众需求方面。用专家们的话来说：解构之风尽吹，民生新闻遍地开花；复制与拼贴风行，精深与原创远遁；无深度与反正统共谋，媒体与俗文化合流；差异性与多元化孵化出广播电视话语碎片。

在影视界，在反映"后现代主义"艺术形式方面，电影《疯狂的石头》有着典型意义。这部电影只投入了400万元，却在上映不到一个月的时间里收回了1000万元，是个奇迹。这部影片吸引人的地方，是它表现出一种与众不同的深度幽默和一种平民化的反传统的搞笑。这部影片迎合了现代人的一种"放松"的心理需求和消费文化。

○"后现代主义"表现特征及其形成根源

"后现代主义"张扬个性和自我，强调绝对的主观化，其主流意识是宣泄个人主观的心灵体验和对客观世界的反应，强调以个人感觉作为评判标准，竭力缩短审美的距离。

"后现代主义"导致艺术内容远离客观真实，艺术创作的规律性被扭曲，艺术信息的传递和表达有着一定的不确定性。这种不确定性，导致了后现代艺术具有快速更新流派的不稳定性。

"后现代主义"追求即兴冲动、感官直接愉悦、肉体的同步反应和本能的共鸣，追求浪漫的个人情感。"后现代主义"追求即时的快乐、即时的体验、即时的感受。

"后现代主义"追求新奇，追求符合时代物质文明发展程度的形式技巧和表现手法，用现代的话来说，有着"极高的科技含量"。

"后现代主义"强调表现人们心理深处的潜意识，其表现形式更为抽象化。专家们认为，在后现代的艺术作品中，人们难以看到逼真生动的形象，相反，多是为展示一种观念和体验、追求一种"似是而非"效果，将各种文学艺术的表现形式和手法割裂开来，重新组合，打破规律，竭力营造一种抽象的意境，一种主观理念的演绎，甚至摆脱具体的生存环境和社会场景，超越时空，提示宗教或哲学的意蕴。

"后现代主义"强调"去中心性"，主张对现时代中许多不言自明的真理持怀疑态度，其刻意的标新立异旨在通过对差异和流动的强调，取代对中心和基础的迷恋。所谓"去中心性"，即社会对国家主流文化和价值观的疏离意识及由此产生的偏离或背离社会主流规范的行为。"去中心性"形成的过程是个体国家认同意识逐渐弱化的过程，是个体对社会制度和主流价值观的否定、质疑的过程。

由此，"后现代主义"表现出一种无本体、无主体的神秘化、虚拟化的联想。这种艺术形式在填补空虚的同时制造了另一种空虚。在"后现代主义"无本体和无主体的世界里，一切原有人类特定情感的存在都变成平铺直叙散点构造，无中心也无秩序，生命感和主观意识同时消遁，精神的超越变为内在的沉沦。从更深的哲学层面上讲，后现代主义是一种尘世空间的"中心幻象"破灭后的自我发散现象。

> 从更深的哲学层面上讲，后现代主义是一种尘世空间的"中心幻象"破灭后的自我发散现象。

从某种意义上看，"后现代主义"也是人们摆脱现代技术束缚的一种心理上的反叛。工业社会中，人们在感激机器创造了巨大社会财富、给生活带来便利的同时，又开始厌烦机器于生活中的无处不在，担心人最终会成为机器的奴隶。为此，人们想要反抗，想要把机器一脚踢开，重新生活于乡村田园，回归大自然。

在现代竞争激烈的社会生活中，人们需要极度地宣泄，需要情感释放。人们拼命地搞笑，力求从瞬间的情感释放中得到快感，找到感觉，得到平衡。

后现代艺术表现出人们的一种处于后工业时代的特殊的心态，这是一种普通大众喧哗而又自嘲的心态，这种心态是后工业化时代人们对多元价值观的恐惧、焦虑、无奈的折射。在后工业化时代里，传统的理性精神和道德规范在现代社会里逐渐消解，而新规范尚未建立，人们的道德和理性在一定程度上处于"失范"状态，社会处于离心状态，因而人们越来越质疑客观性、整体性等理性原则，而尊重有限性和相对性的个人经验，个人与社会的关系日趋紧张，人与人之间的信任陷入危机。这种心态导致人们去"恶搞"，通过对精英文化的质疑和讽喻，得到一种反传统的心理满足。

○关于"恶搞"

后现代艺术突出表现在它的一种反传统、挑战权威、玩世不恭的态度上。我们通常也称这种现象为"恶搞"。

后现代艺术追求一种强烈的刺激，而这种强烈的刺激来自强烈的反差，将高雅与通俗捆绑在一起"恶搞"、"调侃"，表现出一种耐人寻味的"荒诞"性，例如电影《疯狂的石头》中的"千手观音"。

　　用一些专家的话说，后现代艺术的所谓"恶搞"，就是运用现代科技或多媒体手段，对大众所熟悉的人或者事物（如图片、文学作品、歌曲、影视作品等）进行的具有讽喻、夸张、曲解和幽默意味的二度创作和颠覆性解构行为。从语义学的角度讲，"恶"在此并不具有贬义，而作为一个程度副词使用，即"很"、"狠"、"大"的意思。

　　"恶搞文化"，作为一种亚文化，更多代表的是草根文化或平民文化对主流文化的一种质疑与反思，是他们对精英文化和主流意识形态的戏弄或讽喻，是他们对社会权威和中心的颠覆和反抗。它是一种思想情感的表达方式，是一种文化和内在的精神特质的集中表现。解构与重组是"恶搞文化"创作方式，"互文性"、"集群性"是"恶搞文化"的显著特点。所谓"互文性"，是指恶搞者借助自由开放的网络媒介，对他人文本如文学、绘画、音乐、舞蹈、广播、电影、电视、广告等众多艺术门类和传播媒体的文本进行指涉、映射、讽喻，以释放个人的本能欲望。

　　"恶搞文化"在表现自身的创作意图时，通常采用戏弄、讽喻等非常规的方式，使作品更加怪诞、荒唐，从而背离人们传统的思维方式和审美方式，使社会的权威和合理化的现象处于动荡和怀疑之中，使一切中心、秩序、权威被解构和摧毁。没有了任何绝对的合法性和绝对的权威，体现了后现代文化反对"同一性"、"整体性"，崇尚差异性的特征。

　　"恶搞"是平民的狂欢，是草根文化对精英文化的冲击和反思，而狂欢本身则具有明显的集群性的特点。在网络恶搞文化中，有恶搞群体的相互依赖与暗示，也有网民与传播者的相互依赖与感染，从而使"恶搞"文化成为网络的亚文化而被很大一部分网民所追随。

"恶搞"以后现代主义的方式解构一切权威和传统，将爱情、道德、英雄、崇高、正义、善恶等概念置于喜剧和玩笑之中，使人在捧腹大笑之后留下深刻的反思，并由此引发对社会和事物认知的共鸣。这种自娱娱人的方式无疑会给许多年轻人带来情绪的感染和暗示，并且采取相同的方式去释放内心的情绪情感。

> "恶搞"以后现代主义的方式解构一切权威和传统，将爱情、道德、英雄、崇高、正义、善恶等概念置于喜剧和玩笑之中，使人在捧腹大笑之后留下深刻的反思，并由此引发对社会和事物认知的共鸣。

现代科技给予了现代媒介无限的潜力和空间，并为"恶搞"文化盛行提供了重要平台。随着 DV、数码录音设备等"个人影像"器材普及以及 Web2.0 和 3G 等新型广播电视技术的兴起，受众广泛地参与到媒体的制作中。新媒体技术以其匿名性、分散性和互动性等特点，从广播电视技术的层面分流了传统媒体的受众份额，使得受众碎片化和广播电视去中心化的趋势进一步加剧。

○ 生活化的审美

在后现代文化领域，艺术与日常生活之间的界限趋向模糊，专家称这种现象为"生活化审美"。

在消费社会，高雅与通俗、艺术与生活、艺术品与商品、审美与消费的界限模糊了、消解了。文化，特别是视觉文化走进了人们的生活，视觉愉悦和快感体验成为人们日常生活中的重要内容，同时也能够更方便地把"生活转换成艺术"或者"把艺术转换成生活"。

> 文化，特别是视觉文化走进了人们的生活，视觉愉悦和快感体验成为人们日常生活中的重要内容，同时也能够更方便地把"生活转换成艺术"或者"把艺术转换成生活"。

审美进入日常生活，就是形象的大规模复制和生产，日常生活的审美化或审美的日常生活化已经成为当今文化的主流。审美正在远离"自由"的境界，而变成一种碎片化的、即时性的愉悦，变成控制人的感性存在的一种有效方式。

人们非常反感那些伪装、作秀和沉重的东西。受众们愿意接受经过审美化处理的平常的内容，愿意接受观赏价值高的平凡的内容。

这要求我们在审美化的形式上更加贴近大众，贴近生活，寓教于乐，真、善、美统一。

> 人们非常反感那些伪装、作秀和沉重的东西。受众们愿意接受经过审美化处理的平常的内容，愿意接受观赏价值高的平凡的内容。

○ 虚拟

谈到"虚拟"这个词，多是指人类的精神世界的延伸，有一种神秘的哲学含义。一个由现代数字科技打造的虚拟世界，就在我们身边，与我们现实的世界并存。我们的真实感觉中似乎还存在着某种虚拟的感觉，我们要在身边的虚拟世界中找到某种真实的世界感觉。

> 一个由现代数字科技打造的虚拟世界，就在我们身边，与我们现实的世界并存。我们的真实感觉中似乎还存在着某种虚拟的感觉，我们要在身边的虚拟世界中找到某种真实的世界感觉。

对"虚拟"的认知和感觉，是一种不同于传统的全新的认知和感觉。

一些国外的资料谈道："虚拟实在"（virtual reality）又称"虚拟现实"，指由电脑网络所形成的一个独特的有别于现实世界的数字世界。"虚拟实在"的出现对传统的哲学和伦理学提出了新挑战，哲学家们必须反思"虚拟实在"的本质是什么？是物质还是意识？即虚拟实在的本体论问题。而伦理学家必须澄清"虚拟实在"中道德何以可能，善何以必要，同时还要探寻"虚拟实在"中的伦理世界观。

关于"虚拟实在"的本体论问题，目前学术界还在争论，有四种观点：第一种观点认为"虚拟实在"是客观存在的，具有其物质归属；第二种观点则强调意识归属，认为"虚拟实在"的本质是意识，是意识的延伸，是以数字化方式构成新型意识形象；第三种观点是世界归属说，认为"虚拟实在"属于哲学家波普尔所提出的世界，即客观知识世界；第四种观点是不同于前三种的另外一种观点，即认为"虚拟实在"既不属于物质，也不属于意识，又不属于世界。

"虚拟实在"是客观实在与意识高度融合的一种新的实在。过去人们在探讨哲学基本问题时，受到"二元论"的影响，过于强调物质和意识的分隔和对立，而忽视了物质和意识的融合与互动。用哲学家的话说，哲学上的物质（客观实在）可以分为两种状态，一是未经主体意识所作用的纯客观实在，即自然实在；二是受主体意识所作用的社会实在（如社会关系等）。而虚拟实在恰恰类似于第二种状态，但又具更强烈的主体创造性。

"虚拟实在"是客观实在与意识高度融合的一种新的实在。

新的传媒技术（如3D技术），为人们提供了一个虚拟的世界。人们在这个世界里可以想象，可以虚构，可以把以前无法形象展示的意念通过视觉效果展示出来。

现代的虚拟技术可以把现实形象化、直观化，也可以把非现实的认知对象形象化、直观化，这就模糊了现实与非现实的区别，打破了两者之间的严格界限，"看得见的世界不再是真实，看不见的世界不再是梦想"。这就会直接导致艺术与生活距离的缩小甚至消失，使艺术生活化与生活艺术化这一美学追求得以实现。

"看得见的世界不再是真实，看不见的世界不再是梦想"。这就会直接导致艺术与生活距离的缩小甚至消失，使艺术生活化与生活艺术化这一美学追求得以实现。

数字化的传播媒体，不但可以"展现"、"表现"现实，而且能够"虚拟"现实。

现代虚拟技术能够帮助人们超越客观，超越自我，能够让人们"真实"地进入到自己梦想的世界中。在这个世界中，人们产生虚拟的感觉，但确是一种实实在在的感觉。

现代虚拟技术能够帮助人们超越客观，超越自我，能够让人们"真实"地进入到自己梦想的世界中。在这个世界中，人们产生虚拟的感觉，但确是一种实实在在的感觉。

由于信息技术、网络技术和电子媒体的迅猛发展和广泛运用，人类越来越生活在符号化、影像化的社会环境中，生活在意识主导的"虚拟实在"之中。人类正生活在一个用技术和想象力所创造的"仿真"世界，一个由符号和想象包裹的虚拟世界。

我们尤其要关注在新的传媒技术影响下的动画。动画的表现手法是夸张、拟人和假定。它可以把人们的想象变为图像，传统的电影则不行。它能够充分展示人们的想象力和创造力。对此，我们要认真分析日本宫崎骏的动画制作。它的魅力在于能够超越现实，超越真人，超越传统，将人引入到另外一个世界之中，并且让人们感觉到它是真实的，它是自己梦寐以求的。它能够将意识世界中的神韵挖掘出来，能够与人们在更高层次的潜意识当中产生强烈的共鸣。

新媒体的动画艺术能够将意识世界中的神韵挖掘出来，能够与人们在更高层次的潜意识当中产生强烈的共鸣。

从某种意义上看，广播电视和现代网络所展示的世界，就是一个虚拟世界。在这个虚拟的世界里，人们有着一种虚幻的群体感受。人们总是会把电波的另一方，按照自己的幻觉进行想象，甚至虚幻地互相崇拜，不管他们相互之间是些什么关系，他们都强烈地感受到一种更多的"我们"的群体感——就是这种广播电视所制造的"虚拟世界"。有的学者进一步指出：传统意义的空间，是人经历的先天条件，没有空间就不能有在其中的经历，可是虚拟空间不同，它不是经历的条件，它本身就是经历。

在 2006 年 9 月 14 日《人民日报》上，有一位名叫肖云儒的学者写了一篇题为《大众广播电视与文艺新变》的文章。他说：我们已经进入了一个以先进科技手段为基础、大众广播电视和现代市场联姻的时代。广播电视、市场、科技，当代世界三大强势元素纠合一体，交叉覆盖，在人类的头顶笼罩了一层传播文化网膜，造成了一种比实态真实还要强大的拟态真实。文艺家和他们的作品如果不通过广播电视，不构成广播电视现象的一部分，不进入拟态真实的天空，已经很难与民众、社会见面。文艺的作者、传者和受者，都只有经由传播文化网膜的折射才能确证自身的存在，不在网者即不在场。

○ 体验

"体验"是现在人们常说的一个名词。按照专家们的解释，"体验"事实上是一个人达到情绪、体力、智力甚至是精神的某一特定水平时，他意识中所产生的美好感觉。

体验，实际是人类寻找自我的现象，关键是人是否能够找到自我，与自我沟通，这是一种"天人合一"、"身心合一"的感觉，不能简单化地理解。体验有两种功能：一是不断寻找新的环境以适应自我；二是不断通过新的环境去发现自我。

体验，实际是人类寻找自我的现象，关键是人是否能够找到自我，与自我沟通，这是一种"天人合一"、"身心合一"的感觉。

体验，是一种用心去感悟世界的认知方法，是人们找到世界感觉的有效方法，而体验的本身和过程，就是一种独特的感觉。体验，是人们用心对大千世界"无"的感觉，通过体验，人们可以感觉到大千世界"无形"的部分，感觉到大千世界"无形"的微妙。

体验，是人们用心对大千世界"无"的感觉，通过体验，人们可以感觉到大千世界"无形"的部分，感觉到大千世界"无形"的微妙。

体验，属于每一个不同的人，没有雷同，不可复制。没有哪两个人能够得到完全相同的体验，因为任何一种体验其实都是某个人本身心智状态与那些策划事件之间互动作用的结果。

现代的体验与我们传统的体验无论在内容还是形式上都有很大的不同。在现代体验中，就有一种数字体验，如现代数字交互式的电脑游戏是一种数字体验。与传统体验相比，数字体验形式多样，形象生动，互动性强，但缺少传统体验那种实地实时的直接性，多少有些不接地气的感觉。

体验作为一种文化形态，它提供的是一种精神商品，它能够使消费者得到精神满足，并且这是一种别人没有的十分稀缺的东西。体验活动的策划者完全以体验者的感受为目标。

体验进入到文化与消费有机结合的高级阶段。人们在提供体验的特定环境中，既是生产者，又是消费者。你的体验要通过你自己产生出来，别人只是起到调动或诱导的作用。体验是自我满意的体验，是"为我"而设计的。

现代传媒技术给予人类充分想象的条件。通过想象，人们可以设计出各种体验活动，这里面有回忆，也有尝试。体验活动的关键是展示想象力，并能够让别人感受它。

体验策划者要设法使受众在接受体验过程中产生难忘的经历，要设法触动受众敏感的神经，加强他们的印象，使他们获得美好的憧憬。体验策划者要善于体验的主题设计和形象化展示，由此强化受众的体验感知，调动受众的体验情绪，储存受众的体验记忆。

意想不到的感受，印象最深，价值也就最大。体验策划者要给受众一种意外的惊喜，从而获得理想的体验效果。有必要先让受众了解所体验的对象，使他们感受体验进入更快，更深刻。体验提供者还要删除任何削弱、抵触、分散主题中心的环节。这种体验设计不能有任何矫揉造作，一切都表现得自然得体。

高明的体验策划者善于通过"有"来制造"无"，为人们提供那些最原本最有价值的体验产品。

　　高明的体验策划者善于通过"有"来制造"无"，为人们提供那些最原本最有价值的体验产品。

○ 工具理性

　　现代科技的发展，越来越多地影响到人们的思维，左右着人们的感觉。这是一种"人机一体"的感觉，是一种"被数字化"的感觉，是一种"工具理性"的感觉。

　　从媒介史角度而言，学术思想的形成、发展与传播，主要是在印刷媒介阶段发生和完成的。当社会由印刷媒介急剧向功能更为强大的电子媒介转型时，知识的生产、传播必须被强制纳入电子媒介节目生产的程序之中。面对这种转向，学者们首先思考的不是向受众传播什么样的内容，而是如何使自己的表达更适应电子媒介传播的特点。这样一来，学者要使自己的理性服从于传播工具，学者的成果在某种程度上已经成为电视媒介的一种工具性的符号。这样一来，我们从广播电视中获得的感觉多多少少带有一些不太自然的"工具理性"。

> 学者要使自己的理性服从于传播工具，学者的成果在某种程度上已经成为电视媒介的一种工具性的符号。这样一来，我们从广播电视中获得的感觉多多少少带有一些不太自然的"工具理性"。

许多专家学者对这种"工具理性"的感觉做过大量描述。

现代传媒不仅将人的观念形象化，而且还将人的观念数字化。微软首席工程师芒迪说过：装载了 Windows 操作系统的电脑使得上百万的人们能够把他们的观点数字化，并广为传播。

在一本书中有这样一段描述：所有的一切都可以压缩为 0 和 1。电影、音乐唱片、书籍以及报纸，所有的这些都可以用二进制密码来表示。模拟的各种媒体，虽然在形式上毫不相干，却只不过体现为计算机行话里头的不同方言而已。内容实际上成了在操作上很容易变形的东西。这段话告诉我们，由于广播电视的出现，尤其是"数字化"的广播电视的出现，我们感觉世界的方式和对象都发生了一个非常重大的变化，我们对世界感觉，可能掺杂着大量通过二进制编码的数字符号。

> 由于广播电视的出现，尤其是"数字化"的广播电视的出现，我们感觉世界的方式和对象都发生了一个非常重大的变化，我们对世界感觉，可能掺杂着大量通过二进制编码的数字符号。

在 2006 年 9 月 27 日《参考消息》上，有一篇题为《数字生活改变我们的思维》的文章。文章说到一个叫"埃米莉·费尔德"的年轻人，她是一位"新行星"上的居民，这个"新行星"处在由网站、电子邮件、短信和移动电话组成的数字宇宙中。文章的作者称，数字科技正以前所未有的形式影响着费尔德和她同龄人的行为，将她带到了一个前人从未到过的境界。数字科技甚至可能将成为人类进化的下一步，改变我们的大脑和思维方式。

文章提到的这位名叫"埃米莉·费尔德"的年轻人说："每天早晨醒来后的第一件事就是检查手机短信，喝杯茶，然后浏览电子邮件。我可能会浏览一下 facebook. com（一个大学生的网站），看看和我有链接的 80 个人是否有人给我留言。我真的对这个上瘾。接下来，我还会浏览网上的其他信息，如果对雅虎上的哪条新闻感兴趣，我会点击阅读。"

她还说："没有带手机会让我惊慌失措。我需要将手机时刻带在身上。有这种感觉的不只我一个，我认识的所有人几乎全都如此。人人都通过网络或是手机与他人交流。信息技术是我每天学习和生活中的重要部分，不知道如果没有这些我的生活会变成什么样子。"

正是这些将埃米莉塑造成为一个从来没有离开即时通信设备的"数字土著"。她的妈妈也是一个"数字移民"。虽然 55 岁，她能够网上购物，发电子邮件。但在她的内心深处，仍然生活在过去的世界里。她不解地说："今天的孩子乐此不疲地从网上下载音乐、上传照片，发送电子邮件。他们甚至觉得坐下来读书和看电视都太慢太过无聊。我真的无法想象现在的孩子能够拥有一项自己独特的爱好，例如观察鸟类等过去孩子喜欢的东西。"

　　一位广告界的人士说：数字技术正在改变人们接受信息的方式。由于在成长过程中接受大量的数字信息，"数字土著"的大脑结构已经与前人不同。他们大脑对信息进行重组、过滤、记忆的内容比过去少。传统电视广告的记忆度已经下跌，如果想要抓住这些精力旺盛的"数字土著"人的注意力，各大公司必须能够用简单的词汇来概括自己的品牌。

　　虚拟现实的先锋人物杰伦·拉尼尔在《你不是一个器物》的书中写道，计算机的语言中没有一个"人"字。一旦信息取代体验，人就不可避免地变成网络上的一组数据，他或者她的个性、友谊、敏感性就会萎缩。

　　　一旦信息取代体验，人就不可避免地变成网络上的一组数据，他或者她的个性、友谊、敏感性就会萎缩。

　　甚至有人认为，现在那些人类思维逻辑特有的道德伦理、哲学、艺术被排斥于数字化流通之外，靠信念、信仰和感悟支撑的宗教在现代数字化场景中几乎无栖身之所。对现实批判和价值理性创造的责任常常使得一些人文知识分子依然清贫，他们如果不想成为工具式的技术专家，如果不想变成社会强大盈利机器上的附属零件，就得作好在金钱和利益导向社会里，接受被人抛弃和边缘化的位置。

　　什么是"工具理性"的感觉？在当代最热门的社交网络"Facebook"平台上，能够得到最明显的体验。有人指出，在前"Facebook"时代，你必须成为某人，才能与他人分享信息，然而如今，你只有在与其他人分享一切之后，你才能成为某人。更糟糕的是，它将所有人之间细微玄妙的社会关系都粗暴地捏合为一种冷冰冰的"友谊"。

与广播电视相伴而产生的"工具理性"感觉，表现在大量的日常生活之中。有人说，广播电视进入我们的日常生活，成为我们在大脑里设定心理感应的时钟，只要一听到新闻联播或其他节目出现，立刻可以知道现在的时间。我们的生活有着一种广播电视约束下的规律。

美国学者切特罗姆描绘了电视对人们日常生活的这种约束力：我们可以确切地把"电视"说成是一种强有力的经济制度；是一种审美形式；是广告的主要承办者和"生活方式"的主宰者；是当代政策的参数的主要决定因素，是欺骗性的复杂的符号系统；或是高度个人化的民主地分布于许多我每日生活中心的形式性的生活项目。

有人描述说：在现时代，在科学技术高度发展的今天，人们在享受先进的高科技工具带来的各种便利的同时，也感到自己失去了很多自由，甚至受到了难以忍受的束缚和压抑。人们在得到广播电视带来的更多节目的同时，也无形中被电子的声频、视频所控制。人们在需要现代媒体的同时还存在着与日俱增的冲破媒体的欲望。人们需要一种回归自然的解脱、自主的情感释放。人们在虚拟之中又渴望着真实。所以，对我们现代广播电视创作者来说，有两个通向成功的切入点：一个是要让受众感觉到他在广播电视中的真实存在；另一个是要找到受众在广播电视中的情感释放点。

　　　　对我们现代广播电视创作者来说，有两个通向成功的切入点：一个是要让受众感觉到他在广播电视中的真实存在；另一个是要找到受众在广播电视中的情感释放点。

　　这种"工具理性"的感觉，是带有某些虚假成分的感觉，是一种某种程度上的错觉。通过广播电视所形成的"工具理性"，人们容易将虚拟的事物看成是实在，将想象中的幻影看成现实，将肤浅的表象看成事情本质。

　　　　通过广播电视所形成的"工具理性"，人们容易将虚拟的事物看成是实在，将想象中的幻影看成现实，将肤浅的表象看成事情本质。

　　科技的进步，竞争的加剧，生活节奏的加快，能够休闲和静思的空间和时间变得极为珍贵，而这种珍贵的资源又受到广播电视的挤压，使人们的心境和时空的感觉发生了变化。现代人在拥有财富的同时，唯一深感匮乏的就是时间，我们以前童年时抬头数星星的情景已经成为奢望。人们在拥有广播电视的同时，也在失去过去那种"采菊东篱下，悠然见南山"的感觉。

　　许多专家对这种"工具理性"作出更深层面的理论分析。

　　有人把广播电视控制人们感觉的这个时代称之为"后现代类象时代"，这是一个由"符码和控制论所支配的信息与符号时代"。这个时代表现出了它的特征：战略决策性经济活动全球化，组织形式的网络化，工作的弹性与不稳定性以及劳动的个人化，普遍的、相互关联的与多样化的媒体系统建构起来的"真实虚拟的文化"；还有生活的物质基础——空间与时间，因为流动空间与永恒时间的特性而发生变化。

回归自然

专家们也将这种"工具理性"称之为"技术理性"。他们认为："技术理性就是指工业文明社会（或技术社会）中，以科学技术为核心的一种占统治地位的思维方式或影响人们未来发展的决定性力量，可以称之为一种完全的理性主义。"由于计算机及网络的诞生与日新月异的科学技术密不可分，因此"技术理性"的观念在网络传播中备受推崇。一些计算机和网络工作者以及网民把技术推向至高无上的地位，甚至心甘情愿地接受技术的控制。人在利用技术增加自身能量和自由的同时，也在不知不觉地受到技术的控制。这种控制来自人们对技术越来越大的依赖。

现在，人们越来越置身于由技术、管理规范等外部强制性的要求、控制和监督中，人们在得到越来越多的技术便捷的同时，也越来越多地受制于技术的规范，使得人们的日常生活带有更多的技术化、工具化和规范化的色彩。"工具理性"对人类生活的制约，在一定程度和一定领域上破坏了人际交往正常的、和谐的状态，个人的自由空间不断被挤压，社会生活的人文内涵变得日益薄弱。

> 人们在得到越来越多的技术便捷的同时，也越来越多地受制于技术的规范，使得人们的日常生活带有更多的技术化、工具化和规范化的色彩。

在我看来，在对待"工具理性"的问题上，正确的态度不是抱怨"工具"，而是要从人自身上寻找原因，因为"工具"是人制造的，是人使用的。

专家们在分析网络媒体问题的时候，明确指出：由于职业传媒人的"把关"和内容监管不到位，新闻真实性受到挑战；目前大多数博客和播客拥有者的知识技术能力和写作制作能力相对欠缺。另外，由于网络新闻信息的海量，垃圾信息以及有害信息大量存在，严重干扰了人们对新闻的有效获取和理解。现在，人们需要更人性化的网络技术，但同时更加需要专业的网络评论和咨询机构——这正是我们要特别关注的一种强大的网络需求。

> 现在，人们需要更人性化的网络技术，但同时更加需要专业的网络评论和咨询机构——这正是我们要特别关注的一种强大的网络需求。

　　在人们被广播电视所包围的当今时代，人们生活在真实的世界，实际上又远离真实的世界。导致这种现象的根本原因，并不是广播电视本身之过，而取决于人类如何正确地认识和控制这种工具，而不是被动地被它所控制。正如爱因斯坦早就说过的那样："科学是一种强有力的工具。怎样去使用它，是给人们带来幸福还是灾难，完全决定于人们自己，而不取决于工具本身。"

　　在对待"工具理性"的问题上，我们要看清现实世界"人机结合"十分密切的事实，我们不可能脱离"工具"，而是要更深入地掌握"工具"。在某种意义上，我们可以将自己看作是"电子人"，这是因为我们的思想不单单在大脑中进行，它和我们所使用的工具紧密相关，关键是我们的思想应当在使用工具的时候更活跃、更深刻。

　　我们要看清现实世界"人机结合"十分密切的事实，我们不可能脱离"工具"，而是要更深入地掌握"工具"。

○ 孤独

　　自从有了广播电视之后，人和人之间的交往隔了一层"电子隔膜"，使人们无法像以往那样自然而真实地交往，现代都市人的交往中过去那种直接的、面对面的联系，正逐步被通过大众传播媒介所建立的联系所取代。由此，人们产生了一种被隔绝的孤独感。

在这种情况下，文化与社会产生了隔绝，文化原有的生态环境发生了重大变化，文化创作不是直接与社会对接，而是首先要考虑与广播电视对接；艺术家的精神空间不是与社会空间重叠，而是要适应广播电视的虚拟空间；各文化门类之间的生态平衡要更多地接受广播电视选择性要求而不是自身的专业性要求。这种隔绝来自现代广播电视传播手段的现代化、传播产业的规模化的巨大影响。这种隔绝同时也导致了广播电视广大受众的数量、质量与爱好、消费能力和稳定程度等等各方面已经和正在发生巨大的变化。

广播电视在搭建一个人们真正认识客观世界的平台的同时，也控制着人们观察问题属性的能力，让我们在许多时候就像哈佛大学教授、社会学家大卫·利尔斯曼所说的那样，成为"一个孤独的群体"。

媒体专家看到了这一点，他们认为：在当今全新的电子公共领域中，电视通过其连续与断裂并存的矛盾方式以"真实的谎言"的方式搭建着与以往大众传播媒介迥异的想象空间：公共领域的基本结构的特征是大众通过电子广播电视相互交往遇到了越来越大的选择强制。数字化革命所带来的一个自动化经济的伴随成本则是人与人之间的疏远。

　　数字化革命所带来的一个自动化经济的伴随成本则是人与人之间的疏远。

　　在广播电视的作用下，人们不仅是与社会真实信息之间形成某种程度的隔离，还大量表现在人与人之间工作和生活距离的疏远。现代的人们要花费越来越多的时间独自待在电视或电脑旁边，我们会越来越少地看到那些我们以前非常熟悉的"四世同堂"、"邻里同院"的场景，那些共同的聚合工作场所形式会变得越来越少。

　　当人们在感知上越来越依赖广播电视时，就会对自身的真实的感知产生怀疑。人们通过广播电视获得更大时空的信息的时候，自然而然地会质疑自身感知的局限性。实际上，我们的感知被广播电视的某些策划者、制作人的主观所控制着，他们往往把他们的感知的片面性通过一种类似"客观"、"公正"、"全面"的方式强加给了我们。

　　对于这一点，可以用现代量子理论加以解释。现代量子理论认为，任何一个亚原子粒子中都有潜在的位置和动力，但这些属性直到我们观察（测量）它们之时才真正存在。而且，我们每次只能观测一个属性。这就进一步削弱了我们相信自己感官的能力，因为我们所看到的任何一个事物都有其暗藏的补充性的一面。在这个最基本的水平上，宇宙有两套互为补充的存在（极性），我们越是确定和

定义其中一面，就越不了解另一面。（互补原理）

我们所看到的任何一个事物都有其暗藏的补充性的一面。

当人们在现代社会交往中感到"隔绝"，感到"孤独"的时候，就会特别需要寻找群体的归属感，从而形成了现代社会出现如此众多的电视和网络"粉丝"——我们还可以从这一个侧面去反过来探讨广播电视为什么能够"能量放大"的原因。

我们接下来就要讨论这个问题。

让世界感觉你

——通过广播电视让世界感觉自己

信息／符号／注意力／世界连结／能量放大／控制思维／收视率

　　你要想在现今世界随心所欲的畅游，你要想在感觉世界的同时也让世界感觉你，你需要认识并借助广播电视。

　　为此，你需要把握住一些立体化地观察广播电视的透视元素。这些透视元素通过一些有关于广播电视战略思考的关键词体现出来，这些关键词是：信息、符号、注意力、能量放大、议程设置、收视率，等等。这些关键词前后排列，构成了我们寻找"让世界感觉你"的答案的一个逻辑思路。还需要加上一句，我们在理解这些战略关键词的时候，现代量子力学和现代商务学的观点，能够给我们很大的启示。

　　为了让世界更多地感觉到自己，为了让世界更快地关注到自己，现代商场中"示形"问题已经引起人们高度重视，并且形成了专业领域，这就是大家所熟悉的"CI"行业。"CI"是英文 Corporate Identity 的缩写，Corporate 可译成企业或团体，而 Identity 一词则有多重意义，如"身份"、"标志"、"个性"、"认同"、"同一"，等等。在中文中，通常将"CI"译为"企业识别"，意思是指"企业形象的统一性策划"。日本著名 CI 设计专家西元男所给出的定义是："有意图地、有计划地、战略地展现出企业所希望的形象。"

　　用战略的语言说，让世界感觉到自己，这是一个"形"和如何

"示形"的问题。所谓"形",体现在理念识别（MI）、活动识别（BI）、视觉识别（VI）之中。这三者构成了一个完整的 CI 系统，彼此既相互关联，又各具特点。MI 的重点在理念、在精神，它是 CI 系统的原动力；BI 的重点在人，是人的主观能动性的反映；VI 的重点在物，是一种媒介或载体，它是 MI 的外在表现。

我们在感觉世界的同时，还需要让世界时时刻刻地感觉自己。我们要学会利用现代的媒体手段与世界各个角落的知音知己朋友们"连结"和"分享"。在众多讨论"Facebook"的著作中，我看到了专家们一些精辟的分析：人生就是一场表演，在人际交往的不同环节，我们都在根据当下的语境或关系的本质扮演某个不同的角色，目的是要给别人留下特殊的印象。现代人每时每刻都生活在与他人的关系中，"独处"在这个时代已经变成了一件不可能的事情。

> 我们在感觉世界的同时，还需要让世界时时刻刻地感觉自己。我们要学会利用现代的媒体手段与世界各个角落的知音知己朋友们"连结"和"分享"。

"Facebook"的发明，深深触动了人类一个最基本的欲望——渴望与别人交往，渴望与别人分享，渴望让别人关注自己，渴望让世界感觉自己。在这个广漠的世界里，每个人都是一个孤独的个体，只有通过他者的目光，才能确认自我的存在。只有从与他者的交往中，才能获得关于自我的认同感。

在这个广漠的世界里，每个人都是一个孤独的个体，只有通过他者的目光，才能确认自我的存在。只有从与他者的交往中，才能获得关于自我的认同感。

以上所说的一切，都与广播电视和新媒体有着十分密切的联系。要想让世界更多更快地感觉到自己的存在和价值，我们必须学会"触电"——这是我们当今学术界如何利用广播电视和新媒体扩大自己影响的一句行话。

如何通过广播电视和新媒体让世界感觉自己？如何通过他者的目光获得自我认同感？我们需要在比较深的层面上把握住以下几个关键词。

○ 信 息

让世界感觉你，实际上就是让世界上更多的人知道你的信息，这就需要放大你的信息和更有效地传播你的信息，而这与广播电视有着密切的关系。所以，我们要对"信息"以及它的放大和传播的知识有深入的理解，对广播电视的信息放大和传播功能有深入的理解。

"信息"，也是我们从政治、科技、文化、经济等四个方面立体化理解广播电视的一个共用词，是我们观察广播电视对人类感知影

响的一个关键词。对这个词的探讨，将会使我们进入到广播电视文
化哲学层面的深层思考。

什么是"信息"？

"信息"是构成世界的三大基本要素之一，而其他两大基本要素
是"物质"和"能量"。在信息科学中，"信息"的定义是"物质、
能量在时间和空间上的形态"。从英文"Information"来理解，信息
的含义来自由表示"方向"的前缀"in"和表示"形态"的"for-
ma"和表示"行为或过程"的"tion"构成。"信息"英文词的含
义是"进行判断和采取行动时必要的知识"。

我认为，所谓"信息"，就是物质在相互作用时所发出的一种被
感知的符号。这个符号可能是"数字"，是"色彩"，是"形状"，
等等。

> 所谓"信息"，就是物质在相互作用时所发出的一种被感知
> 的符号。这个符号可能是"数字"，是"色彩"，是"形状"，
> 等等。

我们在此所说的"信息"，不是简单的物理理解的"信息"，而
是有文化含义的"信息"，或者说是一种文化符号的"信息"。它作
为一种物质的高级形态，有人们的精神内涵，是一种天人合一、身
心合一的东西。从这个意义上说，"信息"就是生命的符号。

信息的意义在于减少或消除不确定性。符号是信息的载体。人
对信息的需求是人的基本价值需要之一，人类的生存和发展一刻也

离不开信息的传递、交流和使用。随着信息社会的到来，信息的社会价值越来越大。

有人说，现代社会是一个带有信息色彩的媒介社会。美国普林斯顿大学的火箭专家 JAHN 曾经这样感叹道："现实"这个孩子有一对父母，他们是"无穷无尽的信息资源"和"不可言喻的有意识的大脑"。

现在，人们非常重视研究信息和利用信息。美国在"9·11"事件之后，启动了"全面信息感知"（TIA）计划，它将通过各种公开信息的搜集，获取有价值的情报——这种情报在学术界被称为"开源情报"。美国兰德公司是最早认识到这一资源的重要作用的机构，其工作人员在 20 世纪 80 年代东欧国家变革中提出利用"人工社会"的概念，分析各类信息对不同社会和族群的冲击。他们认为，开源信息对于"封闭社会"有着巨大影响，甚至可以煽动起一场根本性的政治权力变迁。在可以预见的将来，信息在推动世界改变上，没有其他任何东西能够与之相比，就连人口和生态的变化也不能像信息那样更深刻更迅速地改变世界。

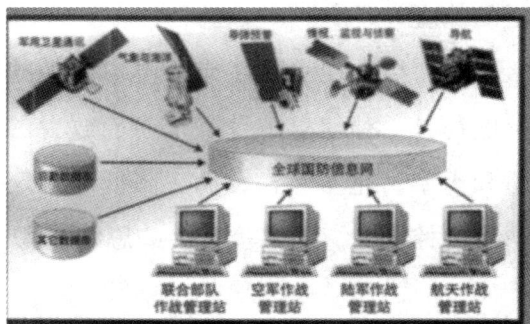

美国国防信息集成系统

传媒大王默多克在这方面有着一种比较超前的意识，在他看来，地球正在变得更小，信息的联动将更加紧密，一场体育赛事可以成为全球盛典，而好莱坞的电影已经赢得了不同文化背景的观众。更重要的是，默多克发现，与资本、商品、技术的全球化流动不同，信息产品的全球化成本更低、摩擦力更小，也可能率先启动，尤其是在卫星与电脑照排技术广泛普及后，媒体全球化的条件已经具备。

传播学者麦克卢汉提出"媒介即信息"。这个观点在提示我们：需要从信息的角度去认识广播电视的发展，同时也要从广播电视的角度去认识信息。

从科技角度看，广播电视就是一种信息处理与传输的工具。我们要从信息处理与传输的角度去观察和解释广播电视的科技形态，认识它的本质属性。国外传媒学者施拉姆指出：媒介就是插入传播过程中，用以扩大并延伸信息传送的工具。广播电视媒介是以对信息的采集、加工和传播来满足主体对信息符号消费的需求。广义的广播电视媒介概念所涵盖的范围，都与信息有着密切联系。在人类社会价值体系中，凡是和信息符号传播活动有关的价值现象都可算作信息符号性价值，这种价值在广播电视涵盖的范围内得到极为广泛的体现。

对广播电视实质性或者说本体性的把握就是对信息的认识。广播电视是一种信息解读、加工、放大的载体。它控制信息流量、质量和类型，充当信息真伪、高低的判定者，进而成为一个社会意识形态的控制者，对人类社会的思维具有一种无形的控制力。

广播电视是一种信息解读、加工、放大的载体。它控制信息流量、质量和类型，充当信息真伪、高低的判定者，进而成为一个社会意识形态的控制者，对人类社会的思维具有一种无形的控制力。

广播电视是一种即时、形象的大众传播媒介，它的传播建立在开发人们听觉、视觉的信息接收功能基础上。广播电视进一步丰富了人类获取信息的方式，使信息接收和记忆的速度明显加快，但在信息的处理上，广播和电视的共同缺点则是稍纵即逝、保留性差，不宜查询。

从社会发展的整个进程来看，现实社会的信息的流动伴随着"身体的流动"和"现金的流动"。对信息流动的掌握，决定现实社会的其他流动。从这个意义上说，掌控信息流动的广播电视也同时在一定程度上掌控着社会。

对信息流动的掌握，决定现实社会的其他流动。

从社会生产领域看，现代社会生产的关键是掌控信息。科技发展已经使制造变得十分容易，要什么就可以迅速生产什么，而关键的问题就是掌控信息，尤其是需求的信息，而后是快速地做出相应的生产和分配指令，实现快速和高度适应性的服务。掌控信息，创造信息，是现代制胜的秘诀，这里面不言而喻地体现了现代广播电视的作用。

与此同时，信息的属性及其要求在现代媒体中体现得越来越明显。准确的定位和精确的细分，就是信息对媒体的一种时代的要求。有人分析，传统媒体的致命弱点是，没有像样的读者数据库（这是信息的一种特殊要求）。像腾讯、淘宝、中移动、盛大这些看起来不像媒体的媒体却有着巨大数据量和强劲的技术团队。他们不断利用强大的分析工具，将用户分层、定位、再聚焦，投放不同的产品和服务。拥有这样一个数据库，借用一定的外界资源，这些公司顷刻之间能变成一个庞大的媒体。很多人已经看到，媒体不再是过去意义上的报纸、电视，简而言之，就是可以存有信息的介质。

> 准确的定位和精确的细分，就是信息对媒体的一种时代的要求。

在当今时代，我们如何放大信息，如何通过广播电视放大信息，如何通过放大信息来提升广播电视的影响力，这是一个如何获得成功的深层次的问题。

放大信息应当借势，这样才能使信息自身能量与外部巨大的能量场衔接和共振，从而产生急剧放大的效应。

放大信息应当追求真实和生动，信息是生命的符号，信息应当真实而生动再现，只有这样信息才有放大的价值，才能对接社会生活的原点，才会在社会大众中产生巨大的共鸣。

> 信息是生命的符号，信息应当真实而生动再现，只有这样信息才有放大的价值，才能对接社会生活的原点，才会在社会大众中产生巨大的共鸣。

在视觉主导的社会里，社会整体倾向于"以貌取人"。成功者需要精心策划自身的真实而生动的形象，这种真实而生动的形象的塑造有赖于广播电视，并且还有赖于广播电视轻松和无形的传播。正如加拿大传播学家麦克卢汉所说："真正的社会教育者，不在传统的学校和教会，而是在广播电视。广播电视通过轻松和快乐的视听方式教育人、改变人，控制着人们的思维。它通过快感和刺激，使人们形成自觉的接触习惯。"

放大信息应当利用信息不对称的特性。信息不对称是在社会每个领域都存在的一个问题，由于每个人自身情况有差异，并且生活在不同的情境中，所以导致信息的不对称状态是绝对的。大量事实表明，信息不对称的差距越大，信息能量和价值增加的效果就越大。

> 信息不对称的差距越大，信息能量和价值增加的效果就越大。

在现代信息爆炸的社会里，这种信息不对称性非但没有减小，反而更加拉大了。人们处在大量的信息不对称的条件下，他们有很多的疑惑，特别需要媒体权威的提示，尤其是需要包括广播电视在内的主流媒体帮助他们做出判断。在海量的信息中，媒体有着更大的主动权，广播电视有着更大的操纵力。在这种情况下，你如果能够通过广播电视或其他媒体提供给受众有用的信息，能告诉他们信息背后蕴藏的含义，那么，你就会有市场，有效益，你的能量就会放大。

> 你如果能够通过广播电视或其他媒体提供给受众有用的信息，能告诉他们信息背后蕴藏的含义，那么，你就会有市场，有效益，你的能量就会放大。

通过"信息不对称"，可以使信息放大，可以使信息增值。经济学家们已经注意到现代商战中通过"信息不对称"而产生的巨大的市场交易价值。有资料说，近十多年来诺贝尔经济学奖大多数颁给了信息经济学领域的成果，而信息经济学这些年来研究的重要方向就是在信息不对称的条件下如何完成交易。

从经济角度看，信息消费与信息增值有着密切的联系，当今经济的关注点不只是简单的金钱增值，更主要的是信息增值。在当今的经济领域，"信息放大"实际是一个"信息增值"的问题。这是现代传媒时代观察经济的一个实质性的问题，也是广播电视在经济领域获得成功的一个深层次的理论问题。对此，国外学者哈肯在《协同学》（Synergetics）里有相当详细的论述，他的"高等协同学"主要论述复杂系统信息传输中的信息增值问题。

信息通过"借势"和"共振"能够产生市场所需要的"注意

力"、"影响力"的增值，这是一种无形的增值；信息通过与其他经济实体结合能够产生"多次开发"和"衍生产品"的增值，这是一种有形的增值。"品牌"是一种相对固化的信息，这种信息可以产生巨大的价值，并且这种价值多由广播电视促成的，例如，通过广播电视放大的迪士尼的人物形象每年营利高达 290 多亿美元。

所谓有价值的信息，实际上就是那些有创意的信息。这种有创意的信息在现代经济中有着巨大的作用。专家们指出，传统消费模式是直接面对面交流，不需要策划人、中介等中间环节。现在，这个价值链延长了，需要更多策划和设计，需要更多的有创意的信息。在发现和传播这些创意信息方面，广播电视有着非常重要的作用，并且是人们获得创意信息的主要方式。有许多实例证明，广播电视成功的运作，能够发现创意信息的价值，并且推动其价值的最快最大化的实现。

在信息增值的过程中，"信息整理"具有越来越重要的地位和作用。在信息爆炸的时代，人们更加需要真实、权威和有序的信息。有人说：传统电视应在有限空间里化零为整，通过整合媒介时间，营造电视频道的整体感和秩序感，让受众对电视时间和所传播的信息产生一种可控性，从而形成对媒介的依赖。这是当今传统广播电视在"信息增值"和自身价值增大方面应当特别关注的一个问题。

在信息增值的过程中，"信息整理"具有越来越重要的地位和作用。

○ 符号

什么是"符号"？"符号"就是一种经过认知加工的"信息"，就是一种形象化的"信息"，就是一种具有某种文化内涵的"信息"。"符号"就是人类感知的各种表象的抽象表述，也是对人类感知的各类信息的综合概括。

从更深的层面上看，符号的内涵，不是有形的而是无形的，不是概念的而是形象的。符号是一种事物"灵魂"的展现。

> 从更深的层面上看，符号的内涵，不是有形的而是无形的，不是概念的而是形象的。符号是一种事物"灵魂"的展现。

说到"感觉"，离不开"符号"这个概念。说到底，你感觉世界，就是感觉一种符号，让世界感觉你，也是感觉一种符号。

我们说，传媒是符号的制造者，传媒通过形象的符号赋予各种无生命的物体以生命，形象地描述事物，发现并展示了各种有形中的无形，使各种产品有了文化的内涵。这正是社会进入一个高级阶段所应当关注的一个特点，无论是政治家，还企业家，他能够捕捉到事物内在的"灵魂"，并把它展示给人们，他就会获得巨大的成功。

> 传媒是符号的制造者，传媒通过形象的符号赋予各种无生命的物体以生命，形象地描述事物，发现并展示了各种有形中的无形，使各种产品有了文化的内涵。

传媒所制造的符号，是借助声音、影像、图画、文字等元素向受众展现表述对象的意义和价值。我们注意到，强势传媒在全球化的过程中，正是通过他们制造的符号在强力推销着自己的商业、文化、政治、生活方式和价值观，影响社会群体的文化认同和文化延续。

电视节目是一种复杂的符号体系，它向人们综合展示了视觉图像的美学效果，这里面包括演员的表情、灯光、摄影角度、色彩对比、后期合成和编辑技术，等等。这种效果可以激发人们的想象力，可以导致人们在瞬间把许多不同的意义感知层层叠加，形成多层次的、多维关系的形象认识。

电视节目的符号体系，能够使人们感觉到一个丰富、复杂的想象性的世界，或者说，我们感觉到的世界，是那些经过广播电视编导们加工过的丰富、复杂的想象性的符号。

认识和分析当今广播电视深层次的问题，需要对"符号"这个概念有深入的理解。

法国后现代主义的理论家波德里亚比较早地提出了"符号"理论。他认为，现时代的意识形态的主要机制是消费资本主义。在后工业化来临的时代，社会主体不过是消费资本主义的产物。这种社会主体，被波德里亚看成是一种没有现实实在性的符号体系，在他看来，主体已经被符号化，正如现实被符号化一样。

他的理论分析表明，物品在被消费前就变成信息，客体的意义通过信息系统进入符号秩序才被建立。人们生活于其中的现实已经被符号以及符号对符号的模仿所替代。日常生活现实就是一个模仿过程，一个审美化和虚构化的过程，它使艺术虚构相形见绌，并且它本身就是杰出的艺术虚构。

当代消费文化使用的是影像、记号和符号商品，这样的商品体现了地球村村民的梦想、欲望与离奇的幻想。把消费商品当作沟通媒介，消费者所感受的，更多的是那些由文化工业所产生的广泛的符号文化商品及其体验，消费者会有更多的精神快感，因而也会为此增加更多的直接投入。

在波德里亚看来，当代发达资本主义社会是"消费社会"和"符号社会"，日常生活形式已经发生显著的变化，人们是如此深刻地为媒介所控制，不管是单向度的接受还是有意识的抵抗，都无法拒绝符号对当代生活的绝对有效的支配。

在波德里亚看来，当代生活就是一个符号化的过程，而在这个符号化的过程中，以电视为主的大众媒介起到了"创造性作用"。例如，某种商品为广告所描绘，为媒体所推崇，成为一种时尚，为人们所理解，成为"放大的符号"，成为流行畅销的消费品。

英国后现代主义专家费瑟斯通认为，波德里亚注意到晚期资本主义社会的电子大众广播电视的关键作用。广播电视生产的影像与信息，过度地形成了威胁到我们真实感受现实世界或世界真实感受我们的"符号"。"符号文化"的胜利导致了一个仿真世界的出现，符号与影像的激增消解了现实与想象世界之间的差别。在这种"符号文化"中，一切价值都被重新评估。

由"符号"而形成的"符号消费"，是现代经济学的一个重要的理念，它对我们深刻认识广播电视产业发展和广播电视自身影响力的增大，有着十分重大的意义。

波德里亚对这个问题有深刻的论述，他说："消费者与现实世界、政治、历史、文化的关系并不是利益、投资、责任的关系——也非根本无所谓的关系：是好奇心的关系。""消费者的尺度，不是对世界认识的尺度，也不是完全无知的尺度，而是缺乏了解的尺度。"因此，这也是我们这个"消费社会"的特点：在空洞地、大量地了解符号的基础上，否定真相。（［法］波德里亚：《消费社会》，南京大学出版社2001年版，第13页）

他还说："消费并不是一种物质性的实践，也不是'丰产'的现象学，它的定义，不在于我们所消化的食物、不在于我们身上穿的衣服、不在于我们使用的汽车，也不在于影像和信息的视觉实质，而是在于把所有以上这些'元素'组织为有表达意义功能的实质；它是一个虚拟的全体，其中所有的物品和信息由这时开始，构成了一个多种符号的系统化操控活动。"（同上，第25页）

"符号消费"与"意象"这个词有着紧密的联系。在一些经济学家看来，由于市场商品极度充裕，供大于求，由于消费者某种"意象"的作用，消费本身不再是基本需要的满足，而是被"意象"激发的需要的满足。当今社会，"意象"大多由广播电视创造出来，在广播电视的直接或间接的作用下，"意象统治"、"幻觉支配"将是商品生产的必然结果。

当今社会，"意象"大多由广播电视创造出来，在广播电视的直接或间接的作用下，"意象统治"、"幻觉支配"将是商品生产的必然结果。

实际上，人们在消费过程中追求的某种"意象"，就是在追求某种"符号"。这种"符号"有着消费者追求的某种内在文化价值，或者是某种能够产生深刻体验的感觉。由此，人们更多关注的不是产品的使用价值，而是产品的文化价值。在一些人群当中，所谓"消费"就是以物表现出来的社会身份与文化认同。这种"消费"已经超出了原有的生活意义，而是追求一种让世界更好地感觉自己的"符号"。

丹麦未来学家伦森说：人类在原始狩猎社会、农业社会、工业社会和信息社会之后，将进入一个以更加关注梦想、历险、精神及感情生活为特征的梦幻社会。"从购买有形消费品到花钱购买感觉"，在商品世界中，不仅娱乐业，而且日用品行业也在产品中加入了想象、故事和情感。在未来，人们从商品中购买的主要是故事、传奇、感情及生活方式。贫穷将被重新定义为"无力满足物质需要以外的需求"。人们消费的注意力将更多地从物质需要转移到精神需要，从科学和技术转移到情感和逸闻趣事。

在未来，人们从商品中购买的主要是故事、传奇、感情及生活方式。贫穷将被重新定义为"无力满足物质需要以外的需求"。

"意象消费"的生产就是符号的生产，它为消费者提供的是"大众表征"，为他们提供身份、意愿和欲望的模拟结果。消费生产着商品的品牌和等级，生产着整个符号体系，生产着个人的社会身份。总之，它生产着一种人们在精神文化层面上的需求对象。

在人们追求放大自己的"符号"的消费过程中，消费者距离自己原有的真实需求越来越远了，非理性的追求越来越大了。在这种情况下，在广播电视的推波助澜下，消费与人的真实需求关系不大了，商品及其形象成为一个巨大的能指，不断地刺激人的欲望，进而使消费成为非理性的狂欢。在这种情况下，你必须通过"特别"的商品使自己变得特别。消费了符号，实际上就是消费了一种欲望，买回了一种等级、自尊和社会的承认。

围绕着"符号"和"符号消费"，形成了现代新经济形态，消费被赋予了超出起初单纯的商品功能性满足以外的重要使命，经济呈现出完全不同的特点：从生产方面来理解，称为服务经济；从消费者方面理解，称为体验经济。在许多情况下，后现代时期的商品价值已经不再取决于商品本身是否能满足人的需要或是具有交换价值，而是取决于交换体系中作为文化功能的符号。

围绕着"符号"和"符号消费"，现代经济的"消费逻辑"在发生变化。我们可以从以下三种经济领域的逻辑关系中看到这种变化：使用价值—工具—功用逻辑—日常生活领域；交换价值—商品—经济逻辑—市场领域；符号价值—符号—符号逻辑—地位和声望的领域。现代经济的"消费的逻辑"可以定义为"符号操纵"。人们怎样消费和怎样生活，实际上是受符号文化的引导。符号是由媒介创造的，文化就是符号的串码。

符号是由媒介创造的，文化就是符号的串码。

在现代社会，能够让世界感觉你的"符号放大"具有特别重要的意义。一些经济学家们注意到，在今天的环境里，心理份额，即公众如何知晓和认识你的品牌，通常要比市场份额重要。在破解"如何让世界感觉自己"这个命题时，"创造符号"、"经营符号"、"放大符号"、"消费符号"，将是一些有极大研究价值的关键词。

在破解"如何让世界感觉自己"这个命题时，"创造符号"、"经营符号"、"放大符号"、"消费符号"，将是一些有极大研究价值的关键词。

○ 注意力

要想让世界感觉自己，必须学会集聚和操纵注意力，必须学会挖掘和经营注意力。

在当今世界，注意力已经不单是一个心理学的名词，而是一种十分重要的政治、经济和社会资源。这种资源，它不仅仅表现在吸引广告商方面，还表现在提升品牌影响力、集聚自身无形资产等更多方面。

如何才能吸引人们的注意力？这是一门当代政治、经济和文化都特别关注的学问，更是当今广播电视特别关注的学问。从某种意义上讲，广播电视的价值就体现在注意力上，广播电视领域经常说到的"新奇"、"刺激"、"心动"等词语，都与创造和放大注意力有关。有人说，媒体是害怕平静的，这是因为平静将会导致注意力的下降。

注意力就是一种能量，广播电视向某人（某事）输送注意力，就是在向他（它）们输入能量，当这些人或事的能量积蓄到一定的程度的时候，他（它）无论贴上什么标签（甚至这些标签名不副实），都会被社会大众认可甚至追捧。

如何才能吸引人们的注意力，用广播电视的话说"如何增强传播效果"？这需要考虑消费者的兴趣，需要有新意的解说词增加语言的感染力，需要进行反复刺激和宣传轰炸，加大战略造势的力度，使消费者形成从众的心理效应。

关于这个问题，政治传播学家拉斯维尔早在1948年根据自己对"二战"各国战时宣传的研究，提炼出一个吸引人们注意力增强传播效果的公式：谁—说了什么—通过什么渠道—面对哪些受众—达到了什么效果。在当今这样一个信息爆炸的时代，说什么、怎么说、在哪说、对谁说、有没有效果，是一门融合了传播学、社会学、心理学、管理学和政治学的专业学问。在传播的这个运行链上，"有没有效果"，"能不能让世界更好地感觉你"，显得更为突出，更为重要。

在传播的这个运行链上，"有没有效果"，"能不能让世界更好地感觉你"，显得更为突出，更为重要。

用一个大家熟知和形象的词语说，所谓满意的传播效果就是"轰动"。世界许多著名广播电视人都有一个共同的感受：制造出来的产品一定要有轰动效应，否则，什么也别做。轰动效应驱动着当今社会政治和经济的运行，同时也带来巨大的文化影响力。产生轰动效应的主体，会让世界用新的眼光看待自己，会让社会对自己进行新的诠释和定位。

产生轰动效应的主体，会让世界用新的眼光看待自己，会让社会对自己进行新的诠释和定位。

关于传播效果的问题，有许多专家做过专门的研究。传播学经验学派已经在传播效果研究领域建立一个相对完整的分析框架。从20世纪30年代的"强大效果论"（又称"枪弹论"）到40年代的"有限效果论"、60年代的"适度效果论"以及70年代以后"强大效果论"的回归，对大众传播效果的认识经历了一个发展变迁的过程。

随着广播电视与经济领域结合的越来越紧密，"注意力经济"的提法也越来越引起人们的广泛关注。"注意力经济"也称为"眼球经济"。1996年，英特尔的前总裁葛鲁夫说：整个世界将展开争夺眼球的战役，谁能吸引更多注意力，谁就能成为 21 世纪的主宰。在如今这个"十倍速"飞速发展的信息社会中，注意力是最为稀缺的资源之一。

广播电视产业所经营的资源实际上就是注意力。广播电视将观众的注意力转卖给有意将其商品销售给这一批观众的客户，从而把注意力的价值转变为商业价值。正如麦克卢汉所说：广播电视所获得的最大经济回报来自"第二次售卖"——将凝聚在自己版面或时段上的受众"出售"给广告商或一切对于这些受众的媒介关注感兴趣的政治宣传者、宗教宣传者等等。从这个意义上说，广播电视的产品并非节目，而是观众。广播电视传播所得到的直接回报，是观众的注意力，用广播电视的专业术语说，就是"收视率"。再进一步说，从经济角度上讲，作为产业的广播电视，抓住受众的注意力不是目的，重要的是要将这种注意力转化为购买力。

> 从经济角度上讲，作为产业的广播电视，抓住受众的注意力不是目的，重要的是要将这种注意力转化为购买力。

媒介所凝聚的受众的注意力资源，是广播电视经济真正价值所在。电视台实际上是通过一个好的节目来吸引观众的关注，观众的付出不是金钱，而是排他性选择后的关注——这是一种隐性的收费，也就是说，用观众在特定时间对于特定频道和特定节目的关注来"收费"。当社会上的注意力资源越有限，这种能够将稀缺资源凝聚起来的"注意力产品"的价值就越高。

商家们为吸引注意力而进行激烈的竞争，这种竞争使得广播电视占据了与以往不同的特殊的重要地位。因为，只有当今的广播电视力量才能最有力的整合人们的注意力，放大人们的注意力，利用人们的注意力。

吸引注意力，让世界更好地感觉自己，这与一个战略术语"示形"有很大的关系。从广播电视产业经营的角度上讲，所谓"示形"，就是处理"真实价值"、"感知价值"和"价值信号"三者的关系。

要想形成消费者的购买行为，只有消费者的注意力并不够，还必须要让他们感知到产品的价值。消费者不会去为那些他们所感知不到的价值掏钱，不管这种独特的超值成分有多么的真实。所以说，不被感知的价值，无论其价值是否真实，都一文不值。

一部市场营销的专著作过这样的分析：经营者所索要的价格差额部分地反映了实际给予顾客的价值和顾客感知的价值。一旦顾客不能正确地评价他们对产品的感受，实际的价值和被感知的价值就会出现差异。顾客知识的不完整常常会导致顾客将他们的判断建立于以下一些信号的基础上：价格（即价格体现质量）；吸引人的包装；广泛的广告活动（例如，产品的知名度有多大）；广告的内容和形象，宣传小册子和销售演示的质量；卖方厂商的设施；卖方厂商的客户；以及卖方厂商的职员的专业性、外表和个性。（《战略管理》第 10 版，第 163 页）

客户根据诸如广告、信誉、包装、专业化、外观、供应商及其雇员的个性、设备吸引力以及推销宣传中提供的信息等来推断一个企业将要或正在创造的价值。我们把客户据以推断一个企业创造的价值的各种因素称之为价值信号。

在广播电视产业中，所谓的"示形"，就是有目的地创造和释放这种价值信号。

在现实社会中，我们要学会通过广播电视的"示形"来放大自己。如果从一个企业经营的角度来看，这种"放大"叫做"溢价"。这是因为，客户不会为他们所不知道的价值付款，虽然这种价值真实存在着。所以，一个企业获得的溢价既反映其客户实际到手的价值，又反映客户对这种价值的觉察程度。一个交货价值一般的但所发出的价值信号富有吸引力的企业，可能比一个交货价值高但发出的信号不那么具有吸引力的企业获得更高的溢价。

我们要通过广播电视释放价值信号，让消费者获得感知价值。这需要在"示形"中加强消费者真实的体验性。譬如有的乐器公司在电视台举办一些有观众参与的演奏会，有的婴幼儿产品经销商在电视台举办一些婴幼儿运动会等等。

我们要通过广播电视释放的价值信号，应当连续而集中。有一个例子说明这一点，美国 BIC 公司是一家经营低价优质的圆珠笔公司，它通过庞大的业务人员和密集的电视广告，向广大的目标消费群体连续而集中地释放一个信号：低价和好用。这种信号是各种不同消费群体中一个共同的需求。这家公司的这种价值信号通过广播电视的连续传播，获得了巨大的营销回报。

在广播电视的传播学中，应当注重研究这种价值信号的连续传播效应，这实际上就是注意力资源的一种量变到质变的转化效应。价值信号连续传播形成了注意力资源的量变叠加，当这种叠加达到一个质变点（我们有时也称为"势点"）时，就会产生一种爆炸性的裂变。

> 价值信号连续传播形成了注意力资源的量变叠加，当这种叠加达到一个质变点（我们有时也称为"势点"）时，就会产生一种爆炸性的裂变。

如何经营注意力，让注意力这种资源产生更大的社会影响和市场价值，这是一门学问，是一门越来越被人们关注的新兴的学问。现在的所谓"网络推手"，就是一种专门经营注意力的新的职业。

从心理学上说，人们往往会有一种从众的心理，这将会使注意力资源产生一种"小众带动大众"的聚合效应。所以，在一些专家们看来，经营注意力，需要有少数"先锋式人物"（现代营销学的术语）来带动广大的社会群体，这些少数"先锋式人物"被称为"X消费者"，这是一群追赶时尚的并有影响的年轻群体。这些群体是广播电视关注的对象，而广播电视也是这些群体追逐的平台。

经营注意力，需要制造光环效应。所谓光环效应，是一个社会心理学范畴，指强化某一品质感知效应，从而弱化对其他品质的感知效应。大量事实表明，一开始被强烈感知的品质，就像光环一样，一圈一圈地向四周扩散，掩盖了其他的品质，所以，这种现象也被形象地称为"晕轮效应"。

注意力资源往往会在新颖的有个性的标示周围产生聚集效应，我们在经营注意力方面要特别关注这种效应。品牌是典型的某一产品的个性的标示，因此有个性的产品必须配以有个性的品牌。如摩托罗拉，在设计品牌时选用了第一个字母"M"，考虑到公司的特点，把"M"设计得棱角分明，充分体现了高科技产业的形象。麦当劳虽然也选用"M"为品牌，但却突出了柔和亲切，符合其餐饮业的形象。

经营注意力，一定要有生动形象的表达。一个产品，一个人，一个企业，甚至一个国家，如果没有恰到好处的生动形象的包装，就很难获得圆满的成功。这是因为，生动、形象是最容易调动注意力资源的要素和方式。编一个好的故事，最好是传奇的故事，就是一种经营注意力的生动形象的表达。例如，美国有一个芬克斯酒吧，小的不足 30 平方米，但却因拒绝了基辛格的要求而出名。我们要善于发现利用身边发生的事情，通过媒体效应，而使自己获得巨大的注意力资源。

> 生动、形象是最容易调动注意力资源的要素和方式。编一个好的故事，最好是传奇的故事，就是一种经营注意力的生动形象的表达。

○ 世界连结

要想让世界更好地感觉自己，就要学会使自己与世界更好地连结起来，而广播电视就是一个很好的"连结器"。

现在广播电视以惊人的渗透力进入到我们的家庭，进入到我们个人的空间，形成了一个日益全球化的符合工业生产逻辑的电子公共领域，形成了一个能够提供大范围、高速度的信息获取渠道，将我们与整个世界更为紧密地连结在一起。

进入到人类生活空间并且深刻影响人类生态文明的广播电视，它们存在的社会意义，其重点已经不在于播放什么内容，而是在于它们已经成为人类生活空间不可缺少的存在，它们已经成为一个人类共存共享的空间概念，它们与网络新媒体一起成为人们能够感觉到与世界连结在一起的巨大的虚拟平台。

《世界是平的》一书的作者说道：这一平台能够使得世界上任何地方的个人、群体、公司和大学，出于创新、生产、教育、研究、娱乐（还有战争）等目的进行合作，这是前所未有的创造性平台。这一平台的运作目前已经不再受到地理、空间、时间的限制，在不久的将来甚至不再受到语言的限制。再往前发展，这一平台将会处于一切事物的中心。财富和权力将会越来越多地聚集到那些成功地完成了以下三个基本任务的国家、公司、个人、大学和群体的手中：建设连结到这个平坦世界平台的基础设施；通过教育来获得更多能够在这一平台上创新、在这一平台下工作，以及成功接入这一平台的人才；最后，通过成功治理来从这一平台中获得最好的东西，并且防范最坏的副作用。

用一位美国学者的话来说：从现在开始3000年以后，当人们回忆往昔的时候，我相信我们这个远古时代将被视为"一个崭新的历史纪元的开端"。我们开始用智慧去激活惰性的物体，把它们连结成一个全球性的场地，然后把他人与自己的心灵融为一体。这将被视为这个星球上最大、最复杂和最令人惊叹的事件。通过晶体和无线电波，我们的种族开始把所有地区、所有进程、所有事实和概念连结成一个巨大的网络。这个胚胎性的神经网络将演变成为我们文明的一个合作性接口。现代的广播电视以其消除信息差距的能力，使广袤无边的地球变为今天的鸡犬之声相闻的信息"村落"。

> 我们开始用智慧去激活惰性的物体，把它们连结成一个全球性的场地，然后把他人与自己的心灵融为一体。

当代广播电视所提供的信息交流，打破了传统信息交流的个别性。从广播、电视到今天的互联网，信息传播技术的发展越来越趋向于共时性。共时性传播打破了传统信息交流中的地域差异和空间关系，使当代广播电视的受众处在同一个时空中，形成了传播学者们所说的"地球村"状态。

在这种状态中，人们信息交往可以打破地域限制、消除时差，使全球参与者在同一瞬间进行同一活动，比如一场体育比赛的世纪大战，一项全球性的义演活动，一次类似于奥运会开幕式那样世界性的盛大典礼或晚会等。广播电视所提供的信息内容因此成为无时空限制的共享性内容而不再是传统的个别性内容。我们如果将广播电台的"空中茶馆"与传统茶馆作一比较，便能够发现这种差异。"空中茶馆"无时无处不在，你不需要任何投入，就可以获得大量的节目内容，这种节目内容可以让你和地球另一个角落中不知名的朋友同时共享。

麦克卢汉有一个形象的说法：通过广播、电视和电脑，我们正在进入一个环球舞台。在这个世界里，空间和时间的差异在电视、喷气式飞机和电脑的作用下已经不复存在。这是一个同步的、"瞬息传播"的世界。此间的一切东西都像电力场中的东西一样互相共鸣在这个世界之中。

> 在这个世界里，空间和时间的差异在电视、喷气式飞机和电脑的作用下已经不复存在。这是一个同步的、"瞬息传播"的世界。

广播电视始终将不同文化、不同习俗、不同品味、不同阶层的人连结在媒体系统中，并在多重传播与接受过程中，在一定的共识程度上，将不同人的思想、体验、价值认同和心理欲望整合为同一频道、同一概念模式和同一价值认同。在这里，人与世界、人与自我、人与他人的对立似乎消失了。过去人们只向日记倾诉自己的心声，现在通过广播电视和网络，可以向更多的人倾诉自己的心声。

在广播电视的连结作用下，媒体人要学会广播电视的区隔方式，寻找超越传统分类的新的被感知定位和被感知群体，得到一种新能量的自我认定，并使自己的符号得到放大，从而让世界更好地感觉自己。我们看到，现代文艺的欣赏群体在生活中常常组合成各种族类，引发各种文化思潮甚至社会行为，诸如粉丝团、网虫、E族和短信强迫症患者群之类。他们未必是审美知音的聚合体，主要是找乐族的俱乐部，有时还有可能构成社会思想和情绪的潜阶层。这种由广播电视和新媒体促成的文化消费的区隔系统，极容易转化为一种身份指认系统，形成族群等级，甚至潜在的社会阶层。在广播电视和新媒体平台上，这种以文化消费档次和文化价值观念划分的社会阶层的新动向，已经越来越明显地在现实生活中表现出来。

> 在广播电视的连结作用下，媒体人要学会广播电视的区隔方式，寻找超越传统分类的新的被感知定位和被感知群体，得到一种新能量的自我认定，并使自己的符号得到放大，从而让世界更好地感觉自己。

当今社会，是一个交往普遍化和紧密化的"全球化社会"，是一个由信息化、网络化、数字化为构造机制的"技术化社会"，是一个世界公共社会空间日益增长的"跨国社会"。这些社会特征的出现，与广播电视的连结作用有着非常密切的关系，在这种情况下，人与人之间的连结，人与世界的连结，有着新的方式和要求，并且人们会运用和适应这些新的连结方式和要求，让世界更多更好地感觉自己。

○ 能量放大

广播电视具有世界性的传播力和影响力，它能够使你的信息放大，使你的能量放大，能够让世界更多更好地感觉你。

广播电视的这种能量放大的功能，与"知识"以及"知识的现代作用"有着密切的联系。知识具有无限的延伸性。你和我都可以使用同一知识，并且在这个过程中，我们甚至还可以创造出更多的知识。知识作为一种最高级别的权力，它不同于子弹或金钱，是无法用尽的。通过一个有效的渠道和平台，知识可以无限增值和放大，而广播电视就是这样的一个渠道和平台。

我们经常用"炒作"一词来形容广播电视对某人、某事、某物的放大。在现代社会，广播电视有着强大的传播辐射能力，一个不经意的概念或者事件，经过广播电视这个平台，就有可能被炒作起来，被无限地放大出来。

关于"炒作"，我们要提到美国心理学家奥尔波特提出的一个重要的传播学理论：流言的流通量 = 问题的重要性 × 证据的暧昧性。"问题的重要性"表现在人们对这个问题的普遍关注度，表现在这个问题对社会注意力资源的吸引力。"证据的暧昧性"表现在人们对这个问题的形成的好奇心，这种好奇心是社会注意力的激活点和催化剂。这种"暧昧性"类似于我说的影视中的"悬念"。

有一个媒体炒作的案例能够形象地说明上面所说的"问题的重要性"和"证据的暧昧性"。在《人民日报》上有一篇名为"谁害死了追星女之父"的文章，文中说道：

在兰州勤恳工作了一生的高级教师杨勤冀，为了女儿没有单独会见心仪的明星，在香港跳海自杀了。一时间，众多本来只追明星的媒体娱乐版，也拨出醒目位置，"热炒"杨教师和他那放弃了学业和工作、"专职"追星的女儿。

众多媒体热衷于报道这件事的每一个细节，和每个当事人的"控诉"，却唯独忘了自己。事实上，将杨勤冀最终推下大海的，可能有几只兴奋的手掌，其中一双用力最猛的，正是那些口水四溢的娱记和他们背后渴望吸引眼球、推高发行量的媒体老总。

当然，杨家追星到了失学失业、卖房卖肾甚至蹈海自杀的地步，是一个极端的个案。单单就此谴责有关媒体，或许失之过苛。但是，想到泱泱大国而今堪称奇观的追星狂潮，推其波助其澜的，不是媒体又是何人？小煤矿闷死了几个工人、某项科技重大发明，可能只是报上一条不起眼的小消息，但是某明星离了婚甚至只是拍了一下桌子，都可以写上洋洋数千言。与其相对应的，却是鲜见一针见血、高屋建瓴的影评、剧评、乐评。

通过这个案例和这段评述可以看出，"问题的重要性"来自"明星"和与"明星"相关联的事件，而"证据的暧昧性"来自"追星"小人物离奇的经历和怪异的心理。

在炒作中，广播电视起到了一种"他人存在"的作用。这个概念来自社会心理学，它与社会心理学中的"社会促进"或"社会助长"理论有关联。社会心理学家特里普莱特曾经用自行车比赛实验检验了他的"社会促进"假设，结果发现：独自一个人骑得最慢，定标骑者次之，两人比赛骑得最快。这就是"他人存在"的"社会促进"效果。一个信息的流量的快与慢，它的传播效果大与小，与"他人存在"有关，这个"他人存在"就表现在广播电视身上。

一个信息的流量的快与慢，它的传播效果大与小，与"他人存在"有关，这个"他人存在"就表现在广播电视身上。

还是用上面的案例来说明，有专家指出：对于追星者杨丽娟来说，占统治地位的个人行为倾向是追星，"他人存在"进一步助长了她的追星行为。在这一事件中，介入的媒体就是"在场的他人"。杨丽娟的梦想，打比方说，起初只是小火苗，媒体的一次次介入，就是一次次火上浇油，让它越燃越旺，温度越来越高。最后，杨丽娟及其家人忘乎所以了。而且媒体也不是纯粹的"他人"，它们介入了，出钱，许愿，制造舆论，为一个根本不可能实现的幻想推波助澜，让许多双眼睛盯着她，这些足以让一个受过高等教育的人头脑发昏，更何况一个没有受过完整义务教育的乡镇小女孩呢？从社会心理学角度，媒体自然脱不了干系。

危机具有典型的"问题的重要性"，它本身以及与它本身相关的所有事情更容易被炒作，被放大。广播电视在危机中具有不可忽视的巨大作用，它可以使一个危机中的正面信号放大，使社会得以稳定，它也可以使一个危机的负面信号放大，使社会趋向动荡。有人说，媒介传播在危机传播中，总会带来类似于"助燃剂"的作用。在危机中，由于一些媒体的误导，过分地夸大，无中生有的挑动，谣言的传播，小道消息的流行，非理性的推断，片面利益的刻意追求，社会心理的随意放大，在具有一定规模和影响的突发性事件中，可以作为社会动乱的导火线或称"点火温度"。

> 广播电视在危机中具有不可忽视的巨大作用，它可以使一个危机中的正面信号放大，使社会得以稳定，它也可以使一个危机的负面信号放大，使社会趋向动荡。

在很多情况下，通过广播电视的放大的信号，其能量并没有得到真实的放大，在广播电视"放大"的能量中，有许多泡沫成分。这种现象突出表现在广播电视的"快速造星"功能上。在广播电视的炒作下，许多人梦想"一夜成名"，即使"成名"也大多名不副实，因而导致了社会的浮躁。

说到能量放大，记得有一位广播电视专家说过：人和人之间在生理的"音量"方面，虽有差异，但毕竟不大；但是人们在社会话语的表达"音量"方面，却往往有着天壤之别：有的人，一句话便可地动山摇；有的人，即使是拼死呐喊，也显得无声无息。这种现象要通过战略学的"位势"和传媒的"社会话语权"概念来解释，当然，获得这种能量放大的效果，其中的诀窍还包括找到一个"引爆点"或"催化点"。

有些人或事之所以能够被炒作，能够被放大，这取决于现代社会人们的一种特殊的消费心理现象——现代消费趋同现象。现代大规模生产的同类的时尚的产品（如苹果手机），会让我们得到这样一种感受：我们享受同一种产品，得到同一种快乐，我们是同一个群体。在这一群体中，人们能够得到诸如"酷"、性感、坚韧、反叛、时髦等一些共同消费体验感，形成了某种归属的感觉。在这种情况下，我们所购买的产品越来越被视为是购物者的心态反映，而不是简单的生活需求。这些产品使购买者与其他有类似想法的消费者联系起来，在广播电视的作用下，形成了一种类似于原子物理学中的"束能"，随着某种产品的推出而促成某种程度的社会轰动效应。

○ 控制思维

广播电视能够让你的能量放大，能够让世界感觉你，关键在于广播电视能够经营注意力资源，能够掌握话语权，进而能够控制人们的思维。有人说，广播电视想让你哭，你就哭，想让你笑，你就笑。

早在 1922 年，著名的传媒学者李普曼在其《舆论学》一书中说："新闻媒介影响我们头脑中的图像。"美国总统奥巴马在其《无畏的希望》一书中谈到了包括广播电视在内的媒体的这种作用，他说："至少对广大民众来说，媒体说我是谁我就是谁；媒体宣称我有过什么言论，我就有过什么言论；媒体认为我成了什么样，我就成了什么样。"奥巴马在这本书中还说："媒体是过滤器，我的选票通过它解释，我的言论通过它分析，我的信仰通过它检验。"

在一部专门描写美国白宫政治的名叫《硬球》的书中，有这样一句话："没有人能够垄断媒体源源不绝的电波发射。这些幕后的规则是由游戏者们（指记者）制定的，也是为游戏者们制定的。"

　　能够控制人们的思维，这就是广播电视独特的强大威力。广播电视是信息的第一处理者，它把精心过滤和"炒作"过的大量信息传递给社会大众。在控制效果和方法上，控制人的思想，要比控制那些有形的资源更为重要。争夺资源的战场，其重要性，远远比不上争夺头脑的战场——广播电视就是这样的战场。

　　现代广播电视为什么能够控制人们的思维？

> 　　在控制效果和方法上，控制人的思想，要比控制那些有形的资源更为重要。争夺资源的战场，其重要性，远远比不上争夺头脑的战场——广播电视就是这样的战场。

　　讨论这个问题，我们首先关注到的关键词是"议程设置"。传媒学者科恩曾经对"议程设置"这个概念做过这样的解释："在多数时间，报纸或评论不能让读者怎样想，但在让读者想什么上却是惊人的成功。"简言之，"议程设置"的主要含义是：大众媒体加大对某些问题的报道量，或突出报道某些问题，能够影响受众对这些问题重要性的认识。

　　广播电视在"议程设置"中有着重要作用，《公共管理学实用教程》对此是这样论述的："大众广播电视在推动政策议程建立的过程中起着非常关键的作用：一是它能把少数人发现的问题广泛传播，以争取多数人的理解与支持，从而为建立公众议程创造条件。二是它能制造强大的舆论压力，促使政府决策系统接受来自公众的愿望和要求。三是它作为连结公众与政府决策系统的桥梁，使公众参与决策成为可能，从而扩大了政策问题的来源。四是它能发挥政府决策系统外脑的作用，是政府决策系统了解和掌握社会信息的重要工具。"

广播电视在"议程设置"中的作用突出表现在一种"持久性的意识构造"上。有学者认为，广播电视重复着某种特定的"理想结构"，这种结构体现了与决策者利益一致的那些理论与价值偏好，更为重要的是，这种结构能使普通人的观点和态度转化成为更具持久性的意识构造。一旦时机成熟，这种意识形态就能影响人们对新情境的反应和解释。这种"持久性的意识构造"是大众广播电视中最重要的符号结构，它能最直接地体现决策者的利益和世界观。

> 这种"持久性的意识构造"是大众广播电视中最重要的符号结构，它能最直接地体现决策者的利益和世界观。

广播电视在"议程设置"中的作用还突出表现在一种"标准化的影响"上。在一部名叫《思考电视》的书中，作者这样写道：当人听收音机、看电影电视或阅读报纸杂志时，他们遭遇的是一个标准化的媒体图像世界，他们无可逃避地被带入这个世界，结果他们的思想和情感体验也标准化了。在这种状态下，真正的生活与商品化表现就没有什么区别。在广播电视的作用下，理念的标准化、图像的标准化，以及最终公共话语的标准化和商业化，成为一种社会事实。

广播电视的这种通过"议程设置"所表现的权力，就是通过标准化的反复的社会生活描述，充分并持久地构造出所谓的收视者的心理反应，从而表现出广播电视这种操控话语、控制思维的动态的意识形态权力。

掌握了"议程设置"，就掌握了话语权，就掌握了你被世界所感知的力度。就这个问题，我们可以从下面的报纸评论中得到说明。《环球时报》2008年9月12日有文章说："尽管中国日益崛起为全球大国，但在全球关注的话题中，它经常成为剖析和辩论的对象而非积极的参与者。当前进行的有关21世纪人类前景的三种辩论：威权国家的复兴，寻求资源和大宗商品价格飙升以及人道主义（军事）干预。中国的国际角色在每种辩论中都很突出。上述三种辩论均由西方政策学者、媒体评论家、政治人士和活动分子所设置议程并主导。中国处于话语弱势的境地，自己的观点难以让人理解，更谈不上获得尊重。这导致中国不时成为全球媒体批评的对象，而它常常无法据理力争。中国话语弱势产生的原因有：语言障碍，缺少有世界影响的电子媒体，还有像马凯硕那样的本土学者。"

在新媒体时代，广播电视传统的议程设置权力正在受到大众的挑战，尤其是微博的出现，大众正掌握着越来越多的议程设置的能力和权力。

在"控制思维"方面，除了"议程设置"之外，还有一个重要的命题是"理念引导"。

现代统治者关注理论的引导，追求制胜于无形，其中一个主要的方式：智囊加上广播电视。美国的外交协会是一个决定美国精英思维的智囊机构，当外交协会的核心成员决定了美国政府的某项特定政策后，其规模庞大的研究机构就会开始全速运转，推出各种理性的和感性的论点，来加强新政策的说服力，从政治上和思想上，去混淆和贬低任何反对意见。外交协会控制了美国的主流媒体，把持了 CBS、ABC、NBC、PBC 等电视网络。有多达 262 名记者和广播电视专家是这个协会的会员，这些人不仅解读政府的外交政策，更是在"制定"这些政策。美国外交协会通过广播电视等主流媒体成功地控制了美国民众的思维。

现代经济大亨们极善于通过媒体来控制人们思维达成自己的目的。美国的评论家这样写道：在合法性和人道主义的面纱背后，人们总是可以发现同样一帮亿万身家的"慈善家"以及他们所资助的各种组织，如开放社会协会、福特基金会、美国和平协会、国家民主捐助基金、人权观察、国家大赦组织、世界危机组织等。在这些人中间，索罗斯最为显眼，他就像一只巨大的章鱼将触角伸到了整个东欧、东南欧、高加索地区和苏联各加盟共和国。在这些组织的配合下，索罗斯不仅可以传播而且可以制造新闻、公共议程和公众观点，以控制世界和资源，推动"美国制造"的完美的世界统一的理想。

有关资料对索罗斯做过这样的描述：索罗斯将自己装扮成"慈善家"，在东欧和苏联成立各种基金会。这些基金会比照他在纽约成立的"开放社会协会"的模式，倡导极端非理性的个人自由的理念。比如，他资助的中欧大学，面对生活在社会主义体制之下的年轻人推销主权国家的概念是邪恶的和反"个人主义"的，经济自由主义是万灵药，对社会现象的理性分析都是"专制主义"的。索罗斯这种灭人之国不用流血的高超手段才是他真正的厉害之处。看来欲灭

一国先乱其心确是一个行之有效的办法。（参见《货币战争》，第206页）

如何控制知识，是思考如何控制思维、进行理念引导的一个重要问题。美国未来学家托夫勒说过，明天在所有人类领域出现的全球性权力之争的核心，就是如何控制知识。而控制知识，必须关注和利用广播电视手段。这就是广播电视现代的重要性和价值所在。在《思考电视》这本书中，作者这样谈道：真实世界中的事件与电视的际遇能够唤起人们已经贮藏起来的"电视知识"，并运用这种知识在他们的头脑中进一步阐释与真实世界中发生的事件和电视际遇相关的那些意义的话，被贮藏的那些观念就会浮现起来。

人们从广播电视中接受知识，人们从广播电视得到知识的解释，人们所得到的几乎所有的知识都被深深打上了广播电视的烙印。人们围绕广播电视的知识，形成了巨大的群体互动，形成了被高度整合的注意力，这种情况都会反过来进一步增大广播电视的权力。正如有的专家所说，这种权力，是一种广播电视特有的话语权力，它为人们提供了在其日常生活中思维与行动的规范准则，这种话语权力包含于电视图像的全部语言之中，它有时能以十分微妙的方式发挥作用并指导着人们的实践活动。

人们围绕广播电视的知识，形成了巨大的群体互动，形成了被高度整合的注意力，这种情况都会反过来进一步增大广播电视的权力。

○ 收视率

要想通过广播电视让世界更多地感知到你，需要特别重视"收视率"。

"收视率"是一种对广播电视传播效果的定量检测的标准。这个标准，与广播电视的"文化工业"现象有着密切的联系。广播电视文化作为一种大众文化，它与我们传统认识的"大众文化"和"精英文化"有明显的不同，这是一种文化工业的"大众文化"。用历史的观点来看，不论大众文化与精英文化在各自的文化价值取向上存在着怎样的差异，但它们都是以改善人类的精神状况为根本目的的。用现代的世界的观点来看，在许多情况下，广播电视文化是以文化工业的面目出现的，其根本目的并非增进人类的知识而更多体现为对商业利润的追求。

我们可以由此看出：广播电视市场化的"大众"价值取向，决定了广播电视在很大程度上关注"眼球"，关注由"眼球"产生的市场利润，这将会强力推动以市场为主体的大众文化的崛起，让那些具有广泛大众性和强烈行动感的文化出尽风头。与此同时，在广播电视的强力推动下，那些与"大众化"趣味相反的高雅的、思考的、深虑的、带有悲剧感的、侧重于陶冶和积淀的文化则被边缘化。

> 广播电视市场化的"大众"价值取向，决定了广播电视在很大程度上关注"眼球"，关注由"眼球"产生的市场利润，这将会强力推动以市场为主体的大众文化的崛起。

有许多专家看到并痛心疾呼：新技术在极大丰富着人们获取信息渠道的同时，也在不可阻挡地改变着传统媒体的生存环境。在收视率、广告收入的双重重压下，片面追求收视率、一味吸引观众眼球的低俗之风也成为当下困扰媒体自身发展的顽疾。

法国著名社会学家布迪厄在《关于电视》一书中曾经谈到电视与商业的关系，他认为，早年电视还能关心文化品位，追求有文化意义的产品并注意培养公众的文化趣味；可到了90年代，电视却极尽媚俗之能事来迎合公众，其背后就是商业逻辑在起作用。而商业逻辑对电视的作用最终则体现在收视率上。高收视率必然带来高额的广告利润和商业资助，它所付出的代价，则是使电视沦落为"印钞机"。

有一部法国影片《冒险的代价》，讲的是一家电视台，开办一个追杀节目。一位囚犯被选为追杀目标，他历经磨难，最后到演播室，揭穿了电视的骗局。这部影片以寓言的方式，形象生动地讲述了电视是如何从文化交往的传播手段，转变为简单的商业操作行为。

为什么会出现这种现象？这恐怕是受到一种扩大"收视率"的理论的影响。这种理论认为，广播电视要扩大收视率，就要在"暴力"、"性"和"财富"这三个方面做文章。这种理论将人们引向了歧途。不能否认，运用这种理论可以扩大收视率，可以迅速收获巨大的注意力，你也可以迅速被世界所感知，但是被感知的更多的是"假恶丑"，而不是"真善美"。

目前，对于"收视率"的认识和评价似乎在趋向两个极端，有人说它完美无缺，有人说它十恶不赦。我们对"收视率"应当有一个客观的评价。从另一个方面看，"收视率"是广播电视"大众化"的一种评价标准。对于这个概念，我们不能仅仅从市场的角度去理解，不能简单地与市场规律联系起来去批评它，我们还要从积极的大众角度去理解。没有收视率的事物，就是没有被关注、被感知的事物，没有收视率的频率和内容，不能算是一个完美的产品，起码它没有在形式上做到这一点。

我们不是排斥"收视率"，而是要通过一种正确的"收视率"（也有人称之为"绿色收视率"）去让世界感觉自己，让世界感觉到自己更多更美好的东西。

无论对"收视率"怎样认识，我们必须承认它的存在和它的作用，我们必须清醒地看到现代广播电视大量传播的事实以及这些事实所呈现的规律：那些通俗形象的内容比那些高雅深沉的内容更容易被世界感知。或者换个角度这样说，要想被世界更多地感知，你不能"玩深沉"，你要学会"雅俗共赏"，学会"深入浅出"。

要想被世界更多感知，你不能"玩深沉"，你要学会"雅俗共赏"，学会"深入浅出"。